スッキリわかる!

敏感すぎる自分の処方箋

「生きづらさ」がラクになる、自分自身とのつきあい方

監修 保坂隆
聖路加国際病院・診療教育アドバイザー

ナツメ社

私だけ、どうしてこんなに気になるの？

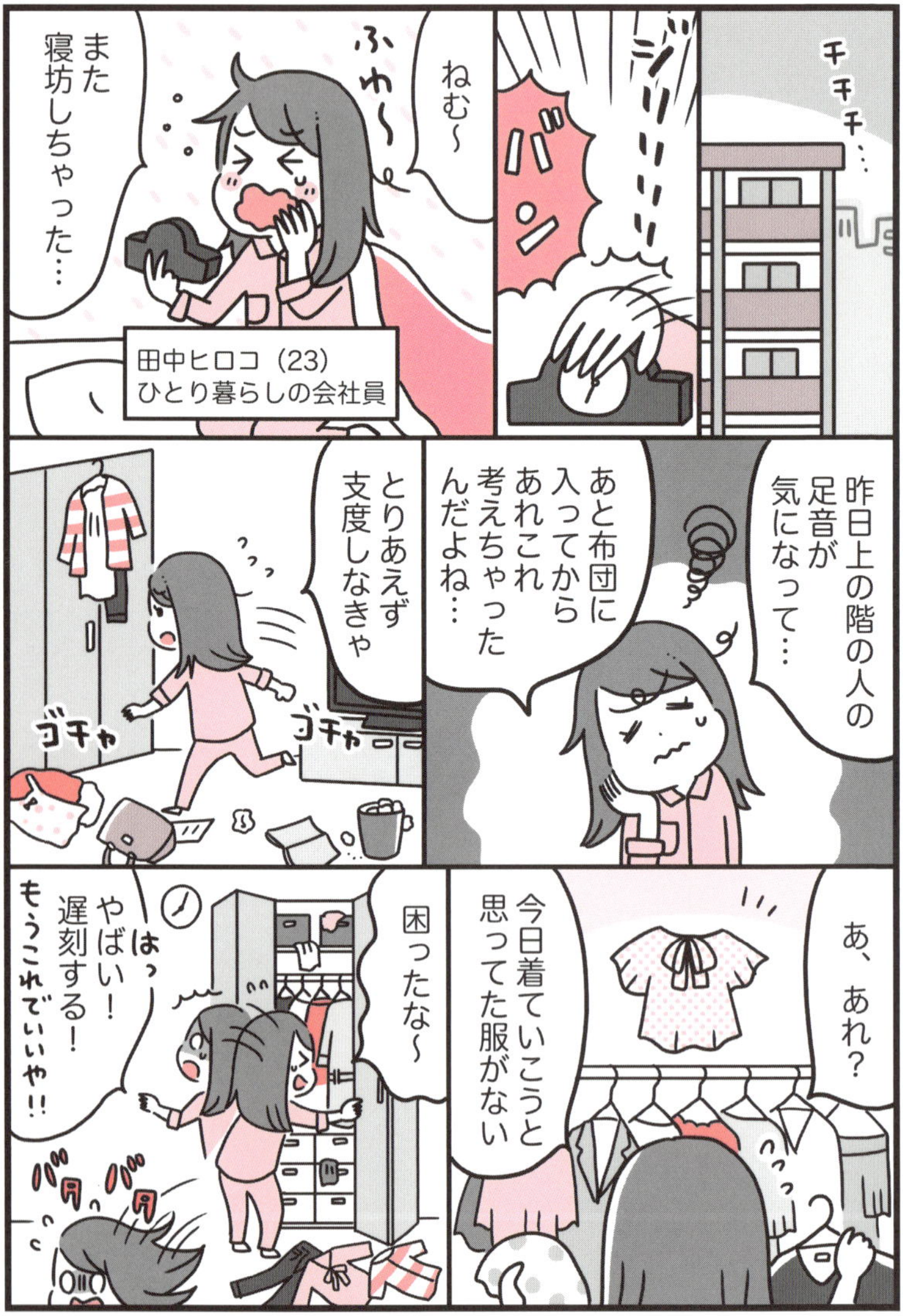

ガタタン
ゴトン
ギリギリ乗れた～
ゼェ
ゼェ
ちょっと変な服だけど…
プーン
ん？
うわっ整髪料のニオイが…
こっちの人は音漏れ…
シャカ
シャカ
後ろの人はバッグが足に当たってる
ガン
ガン
早く着いて…!!
モヤ
モヤ

始業5分前
○○商事
うわー
フゥ フゥ
ヒロコさんいつもギリギリね…
もう少し早く来なさいね
ス、スミマセン！
あ〜〜〜
ドヨーン
ヨロヨロ
朝から怒られちゃった私って本当にダメだなぁ…
気を取り直してがんばろう…
あ、ヒロコくん
ズーン
カタ カタ
コレ今日中にお願い！
!?
ドサーッ

わ〜〜ん
急な仕事なんて
聞いてないよ〜
でも間違いのないよう
きちんとやらなきゃ!!
!?
フー
バサ
○○先輩
機嫌悪いね
ヒソヒソ
何かあったのかな?
もしかして
私のせい…?
先輩
仕事
チラ
チラ
ダメダメ!!
仕事
アハハ〜
ですよね〜
集中しなきゃ!
ハイハイ
○○の件ですね〜
電話
仕事
先輩
ピクッ

コラッ!
仕事
怒られてる
先輩
電話
し、集中しないといけないのに…全然できない!
今日中に仕上げなきゃいけないのに…どうして!?
仕事
怒られてる
先輩
電話
うわ~
お昼休み
ボー
ボ~
ヒロコさん今日も公園でひとりランチ?
いつもあそこで見かけるね
モグ
モグ
う~ん
ホワーン
おちつく~

さて！
あと一踏ん張り！
がんばらなきゃ
お先～
お疲れさまです!!
グ～
…おなか減った…
カタカタ
ガラーン
でもひとりだと集中してサクサクできる！
一気に仕上げるぞー!!
サク
サク
とっぷり
つ、疲れた～～
ボフンッ
……

私、どうしてこんなに
うまくできなくて
じわ…
すぐクヨクヨ
しちゃうんだろ…
……
グ〜…
グー
私みたいな悩みの
人いないかな…
調べてみよ〜
カチ
カチ
ん？
HSP
HSP？
ん？
すぐ落ち込み
やすい
あれこれ
考えすぎてしまう
ひとりでいると
落ち着く
んん？
!!
これまさに
私のことじゃん!!

はじめに

最近、「ＨＳＰ」という言葉を目にすることがあります。ＨＳＰは「Highly Sensitive Person」の略で、「とても敏感な人」という意味です。この言葉が注目されるのは、自分がＨＳＰではないかと考える人が多くいるからでしょう。

そこには社会的な背景があるようです。現代は情報社会です。雑多な情報をスルーできず、より多く受け止めようとするうちに感性は高くなっていきます。ＳＮＳの普及も影響しているようです。何かを発信すると、たたかれることが少なくありません。自分がアップした内容がたたかれないように、過敏になります。

とても敏感な人は５人に１人といわれているので、それほど少数派ではありませんが、本人はとてもつらい思いをしています。１日中気持ちの休まるときがなく、心身ともに疲れ果て、うまくいかなかったと落胆し、自分のせいだと自己嫌悪に陥ります。

しかし、過敏さは決してマイナスではないし、ましてＨＳＰは病気ではありません。むしろ繊細で感度が高い、すばらしい能力です。大いに自信をもってください。

悩みの99%は人間関係ですから、ひとりでボーッとする時間が大事です。そのとき、おすすめしたいのが瞑想です。本書では「マインドフルネス瞑想」など、いくつかの方法を紹介しています。瞑想をして自分を眺め、思考する脳を休ませましょう。

本書から幸せな生活へのヒントをつかんでいただくことを願っています。

保坂　隆

もくじ

第1章 その敏感さは、「HSP」かもしれない

第2章 感じ方や考え方に「クセ」がある

第3章 敏感すぎる体質で不調に悩まされる

第4章 考えすぎて人づきあいがうまくいかない

第5章 会社や学校などの集団の中で困り事が多い

第6章 もっと自分をいたわってあげよう

第7章　ラクに生きるためのスキルを身につけよう

第8章 家族や身近な人がHSPだったとき

第1章

その敏感さは、「HSP」かもしれない

ささいなことが気になる、
大きな音や光に敏感など、
ほかの人とちょっと違う気がするという方は、
「HSP」の可能性があります。

家族といても
リラックスできない……

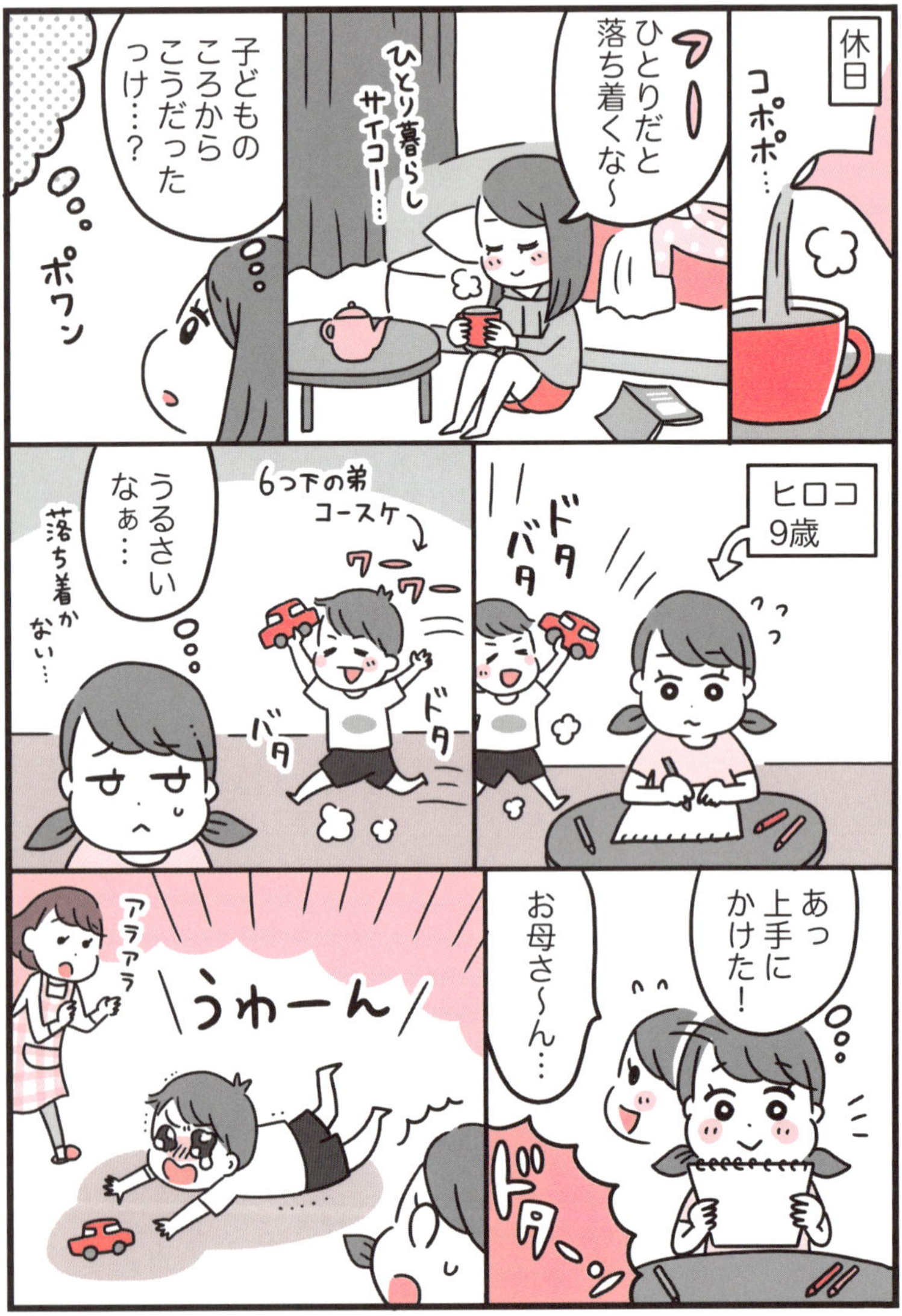

アララ転んだの～？
わーん
ドタバタ走ってたからだよ
しょうがないよね～まだ小さいもの
お母さん、それよりみて…
あっちでママと遊ぼ～
ヒロコはホ～ント手のかからない子で助かるわ！
……
スッ
そうだ家族といてもなんか寂しくて
いつもひとりで遊んでたっけ…
ポツン…
キャッ
キャッ

中学・高校のときも
仲間はずれではないけど
すごく仲のよい友達も
いなかったし
よくひとりで本を
読んでたな
たまにムリして
遊びにつきあうことも
あったけど
すごく疲れて
ただいま～
ヘロ
ヘロ
おかえり～
アラ
ドタ
バタ
ピコピコ
ダダダ
……
部屋に
いるね
家に帰っても
な～んか居心地悪くて
バタン
ヒロコ
いつも部屋に
閉じこもってたっけ

お父さんもお母さんももちろん弟も
ガハハ
ウフフ
キライじゃないけど…
図書館でバイトー!?ファミレスの方が人見知り直るぞ!
接客苦手なんだけど…
あら本屋に行くなら頼みたいものがあったのに~
さっき本屋よるってメールしたのに…
Book
姉ちゃん大学で合コンとか行かないの~?毎日帰り早いよな~
いつも何も言い返せなかった
そんなこと言われても…
私、今も家族の前で
アレ!?
こんな感じだなぁ
リラックスできない…
家族にも本音を言えないのは
どうして!?

細かいことが気になる超敏感な人

「気にしすぎ」て、うまくいかない

とても敏感な人がいます。細かいことに気がつき、ささいな刺激にも反応します。常に高感度のセンサーが稼働しているようです。

ほかの人ならほとんど気にならないことにも反応するうえ、あれこれ考えすぎてどう処理すればよいのかわからなくなり、困りはててしまいます。そして、うまく処理できないことで悩んだり傷ついたりして自己評価が極端に低くなり、何でも自分のせいだと思い込みます。こうしたことが重なるため人づきあいが苦手になり、ずっと生きづらさを感じています。

こうした人をＨＳＰといいます。

ＨＳＰとは「とても敏感な人」のこと

ＨＳＰとは、"highly sensitive person"の頭文字をとった用語で、日本語では「**とても敏感な人**」、あるいは「**繊細な人**」「**感受性の高い人**」などと訳されています。

このＨＳＰという概念は、１９９６年に心理学者エレイン・Ｎ・アーロン博士*の著書が出版されたことをきっかけに世界中で注目されました。日本でも２０００年にアーロン博士の本が翻訳されると、多くの反響を呼びました。

人知れず悩み、困りはてていた「とても敏感な人たち」にとって、ＨＳＰという概念はまさに的を射た、腑《ふ》に落ちるものだったのです。

繊細でとても
敏感な人は、
いろいろなことに
気がつきすぎて、
生きづらさを
招いています。

*エレイン・N・アーロン　アメリカの心理学者。ヨーク大学で臨床心理学の修士号、パシフィカ大学院大学で臨床深層心理学の博士号を取得している。1991年より高敏感性の研究を開始し、これをまとめた自著『The Highly Sensitive Person』を1996年に出版した。

つらい思いを抱えていた

とても敏感な人は、自分が気になるようなことが、ほかの人はどうやら気にならないようだとわかっています。下記のような感情をいつも抱えて、そんな自分を否定的に見ていました。

苦手なこと
ばかり……
私のせいで
怒ってる？
ひとりでやれば
できるんだけど
どうしてちゃんと
言えないんだろ……
やっぱり当たった

●プチコラム

アーロン博士自身が実はHSPである

アーロン博士自身も、幼少期から「敏感さ」によって生きづらさを経験してきたそうです。当時はHSPの概念などなく、自分の弱さだと思っていました。あるとき、治療で受けた心理療法で「あなたはとても敏感な人」と指摘されます。自分の敏感さを欠点だと恥じていたアーロン博士は、敏感さや繊細さに対する別の見方があるのではと思い、研究に取り組み、HSPの概念を導きだしました。

HSPは克服すべき弱点ではありません

あなたの繊細さや敏感さは、人としての弱さや欠点では決してありません。もしも生きづらさを感じているなら、自分に合った生き方を身につければよいのです。

＊ユング（1875～1961年）　アーロン博士はユング派の心理学者。ユングはスイスの心理学者で、コンプレックス、無意識などの研究で有名な分析心理学の創始者。

なぜ、敏感なの？

とても繊細な神経の持ち主だから

●アンテナの感度を高めた状態にあるため

ほかの人にとっては気にならないことに、なぜひどく敏感に反応してしまうのでしょう。

その理由として、敏感な人はもともと神経が高ぶりやすいことが影響していると考えられています。常に神経が高ぶっているということではありません。わずかな刺激にも反応してしまい、心にさざ波が立って、不安や緊張が強くなるということです。

そのため、無意識のうちにいっそうアンテナの感度を上げて周囲の情報を集めようとします。いわば高感度のアンテナを張り巡らせた状態にあるといってもよいでしょう。

●神経をフル回転させているのも影響している

人間の体は、交感神経*と副交感神経*という2つの自律神経がバランスをとりながら働くことで機能しています。

ストレスや過労などが続くと自律神経の働きが乱れて体調を崩したり、病気の原因になったりすることが知られています。とても敏感な人は、その過剰な敏感さによって自律神経が影響を受けやすいといわれています。

神経を高ぶらせてささいな刺激にも反応するため、交感神経・副交感神経ともフル回転させてしまいます。過敏なうえ体調を崩すことが多いのは、この影響もあるのでしょう。

神経が高ぶりやすい、という生まれもった特徴が影響していると考えられています。

＊交感神経　自律神経の1つ。主に日中の活動時に優位に働く。緊張状態やストレスを感じているときには活発になり、血圧や心拍数を上げたり、ストレスに対抗するホルモンの分泌を促したりする。

アンテナの感度が違う

過敏でなければ周囲の刺激を適当にかわしたり、無視したりすることができますが、とても敏感な人は無意識のうちにアンテナの感度を上げ、わずかな刺激までキャッチし、反応してしまいます。

過敏ではない人

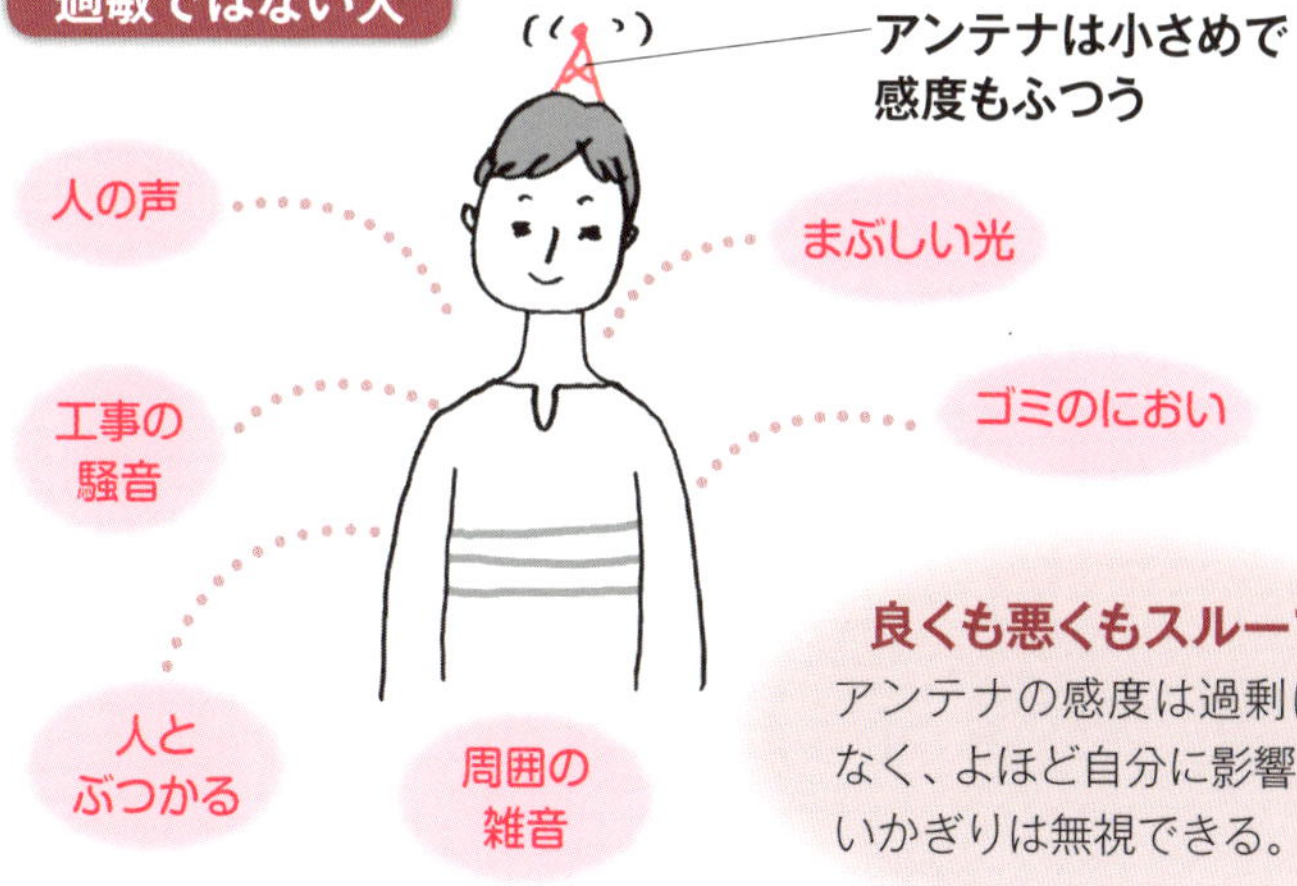
アンテナは小さめで
感度もふつう
人の声
まぶしい光
工事の
騒音
ゴミのにおい
人と
ぶつかる
周囲の
雑音

良くも悪くもスルーできる
アンテナの感度は過剰に高くはなく、よほど自分に影響が及ばないかぎりは無視できる。

過敏な人

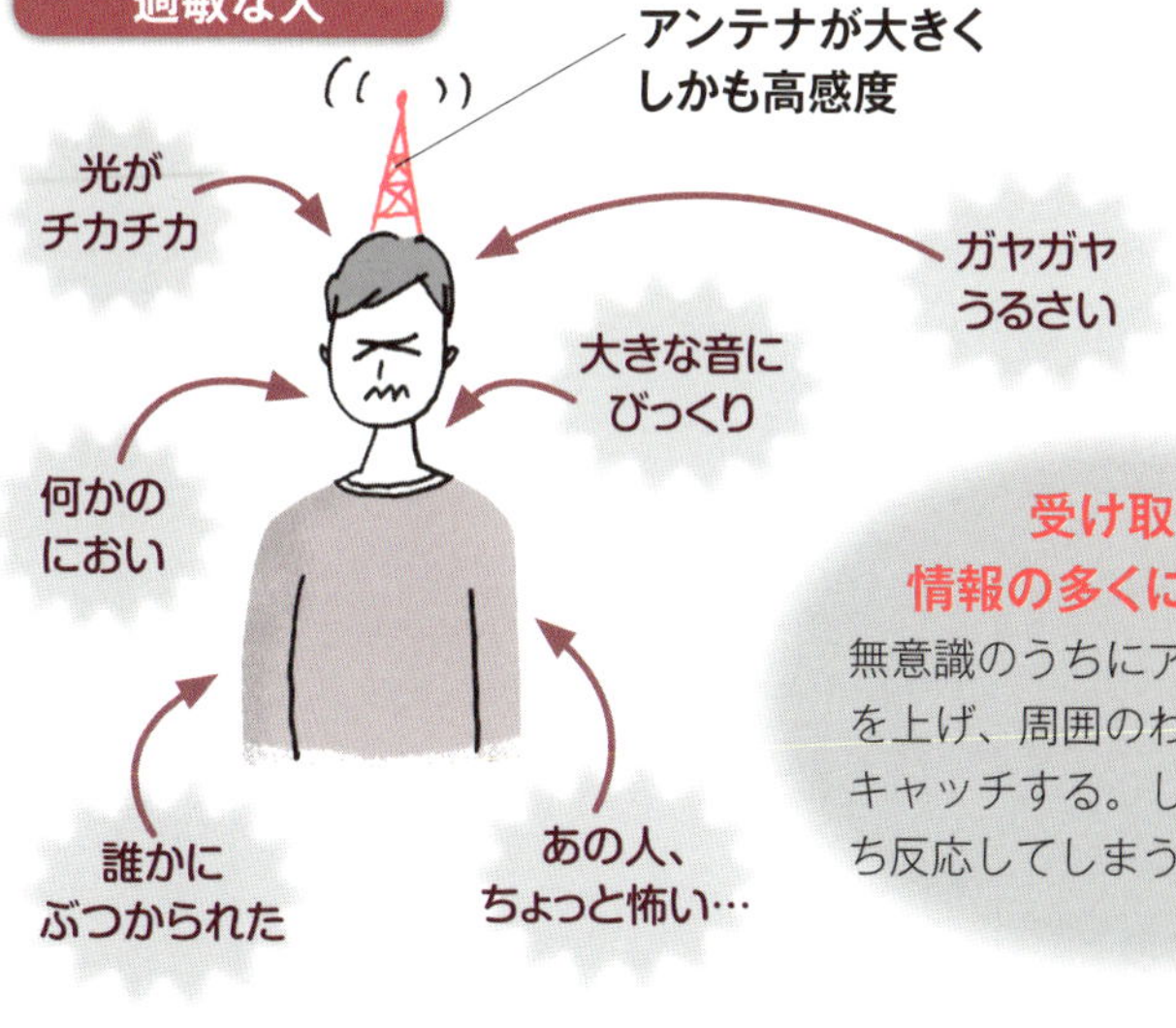
アンテナが大きく
しかも高感度
光が
チカチカ
ガヤガヤ
うるさい
大きな音に
びっくり
何かの
におい
誰かに
ぶつかられた
あの人、
ちょっと怖い…

受け取った情報の多くに反応する
無意識のうちにアンテナの感度を上げ、周囲のわずかな刺激もキャッチする。しかも、いちいち反応してしまう。

＊副交感神経　交感神経と対になってシーソーのように機能している。休息時や睡眠時、リラックスしているときに優位に働く。副交感神経が優位になる時間が短いと疲労がとれず、不調を招きやすくなる。

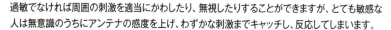

なぜ、私だけ？

5人に1人はHSPだといわれている

●決して〝あなただけ〟ではない

HSPを提唱したアーロン博士は、研究の過程であらゆる年代からランダムに選んだ300人に電話による聞き取り調査を行いました。

その結果、全体の約20％の人が自分のことを「極端に敏感である」と答えたそうです。この20％の人々が、まさしくHSPに該当すると博士は考えたのです。つまり、**5人に1人の割合で過敏な人がいる**計算になります。

過敏な人は、その過敏さゆえ、どうして自分だけがこんなに弱く、臆病《おくびょう》なのかと思い詰めたり、周囲から浮いた存在なのだろうかと心を痛めたりしていることが多いものです。

しかし、決してあなただけではありません。5人に1人は自分と同じか、あるいは似たような経験をしている人が身近にいるはずです。

●少数派ゆえのつらさもあるが、強みもある

過敏な人が5人に1人の割合でいるとはいえ、そうでない人のほうが圧倒的多数ですから気休めにしか思えないかもしれません。また、過敏さの程度には個人差もあります。

しかし、**過敏であることは弱点でも欠陥でもない**ということは忘れないでください。むしろその過敏さは、人類が生き残るために大いに貢献してきたという説もあります。過敏さゆえの強み、得意分野があるのも事実なのです。

身近なところにも自分と同じ過敏な人がいるかもしれません。周りを見てみましょう。

プラスα　現時点ではHSPが増えたのか、HSPの存在が認知されたために増えているのかは不明。しかし、HSPの概念が知れわたれば、自覚したり共感したりする人が増える可能性がある。

動物にもHSPがいる?!

HSPは動物の世界にも存在するといわれています。その敏感さによって危機的な状況をすばやく察知し、回避できる能力は自分や同じ種にとって有効かつ不可欠です。生物の生存戦略においてHSPのような存在は、重要な意味があるのです。

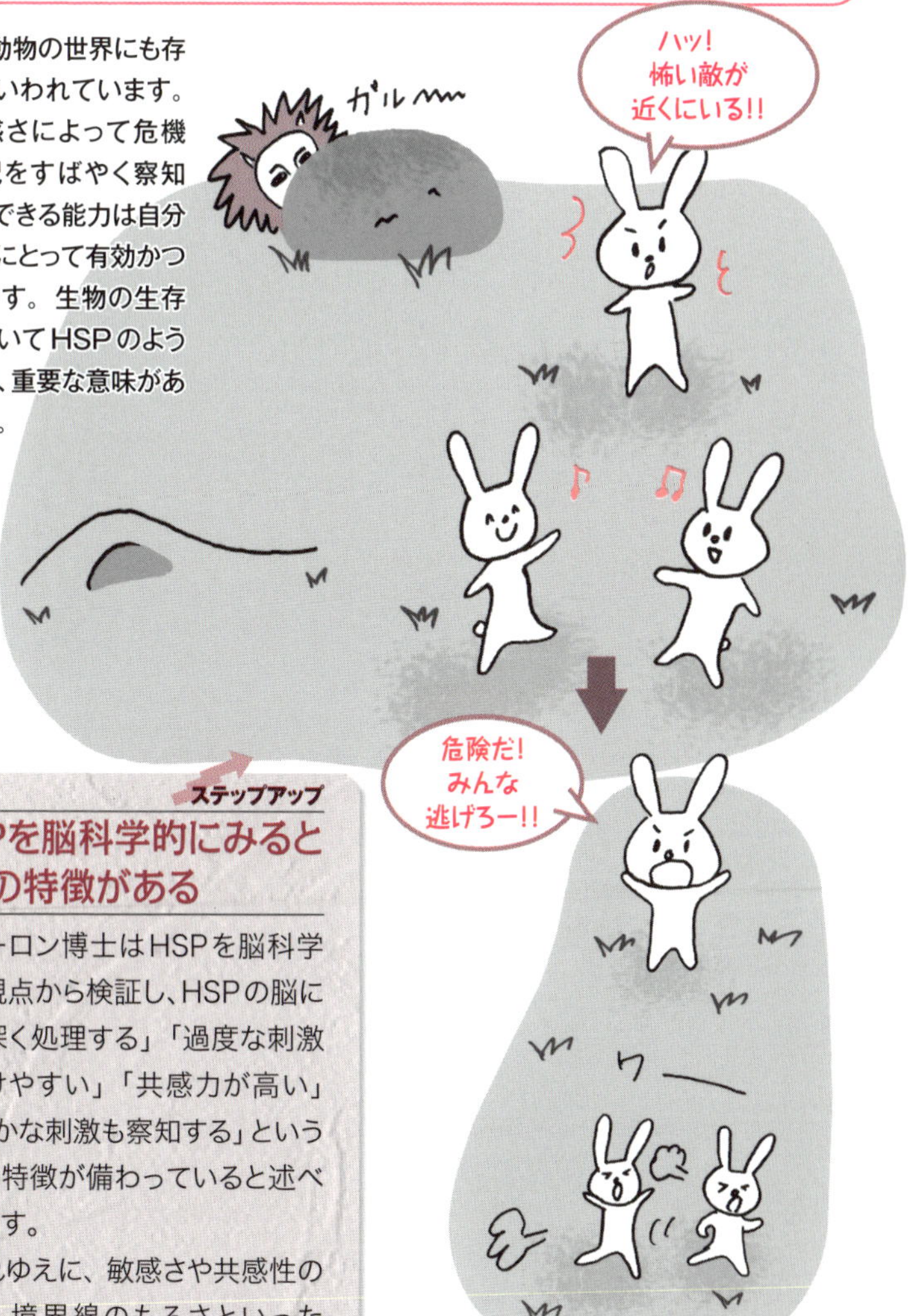

わずかな変化や兆候で危険を察知できる個体がいると、その集団が生き残る確率は高くなる。

ステップアップ

HSPを脳科学的にみると4つの特徴がある

アーロン博士はHSPを脳科学的な観点から検証し、HSPの脳には「深く処理する」「過度な刺激を受けやすい」「共感力が高い」「わずかな刺激も察知する」という4つの特徴が備わっていると述べています。

それゆえに、敏感さや共感性の高さ、境界線のもろさといったHSPならではの特徴が現れると考えています。

プラスα　動物にもHSPのような存在はある程度いると考えられている。ペットを飼っている人なら、同じ種類の猫でも神経質で臆病な個体もいれば、人なつこい個体もいることを経験しているはず。

特徴①

まじめで良心的、だから気苦労が多い

敏感に察することで他者を思いやり、自分を抑えてでも人のために行動する人が多くみられます。

●先読みや気配りをして相手を優先する

とても敏感な人は、高感度のセンサーによって周囲の状況を察知する能力にすぐれています。しかも単に察するだけではなく、得られた情報を深く、きめ細かく処理しようとします。

例えば、相手のちょっとしたしぐさやいつもと違う態度などから状況を先読みしたり、深読みしたりして行動に出ます。相手にしてみれば、まるで自分の心を読まれたかのようにドンピシャリの対応をしてくれるのです。

しかし、こうして相手のことばかり優先して自分の本音を押し殺し、いつもがまんしているので気苦労が絶えません。

●気配りした挙げ句、自分を責める

うまく気配りができて感謝されるとうれしいものです。もちろん気配りがうまくいかないこともあり、それは誰にでもあることなのですが、敏感な人の場合は、うまく対処できなかったとき、自分のせいだと思ってしまいます。何かあったときには、自分が何とかしなくてはいけないという責任感が強いためでしょう。

うまくいかないとすべて自分が悪いと思い詰め、自責感*が強まり、自己評価が低くなってしまいます。さらに、自己否定に陥ることも。

こうした経験が重なると人づきあいが苦手になり、生きづらさも増します。

＊自責感　自分で自分を責めること。家庭や仕事、人間関係などでうまくいかないことがあると、自分の責任だと感じてしまう。事あるごとに自分のせいだと必要以上に自分を過小評価する。

“自分が何とかしなきゃ”と思うが…

周囲の様子を敏感に察知すると、自分が何とかしようとします。うまくいったときはよいのですが、そうでない場合に自分のせいだと思い込む傾向があります。

会社で

具合が
悪そうだわ…

その仕事、
お手伝いしま
しょうか？

例えば、元気がない同僚の様子に気づくと、先回りして手伝いを申し出る。

家で

どうしよう
止めなきゃ…

子どものころに両親がケンカしているのを見るたび、自分が止めなければいけないと思っていた。そして、うまくいかないと自分のせいにしていた。

自責の念や無力さを感じる

しだいに、両親のケンカは自分のせいだと思ったり、ケンカを止められないのは自分がダメだからと考えたりする。

➡

自己否定につながる

自責の念や無力感*が強いと自己評価が低くなり、さらには自己否定につながる。

＊無力感　物事がうまくいかないという経験が続くと、自分は何をしてもむだだ、自分には何の力もないと思い込み、あきらめるようになってしまう状態。

特徴②

他人の気分や感情に振り回されて疲れる

●他者との境界線がとてももろい

とても敏感な人は、周囲の人や状況を察する能力にすぐれていますが、それに加えて「**共感性**」も高いという特徴があります。相手の気持ちを察し、さらには自分のことのように寄り添えるのです。

他人を思いやる良心的な面は敏感な人の長所である一方、共感性の高さによって相手の気分や感情に振り回される原因になります。

本来、人は成長に伴い自我が芽生えると徐々に自己と他者との間に境界線ができてきます。ところが、敏感な人たちは幼少期から親子間や周囲の人たちとのつきあいが苦手で、自己主張がうまくできずに育つ傾向があります。その影響で、他者との間に境界線をしっかりつくれないまま大人になってしまうことがあります。

●無意識のうちに相手と同調する

共感性が高いうえ、境界線のもろさも相まって相手の気分や感情に振り回されます。相手が悲しんでいたり、つらそうにしていると自分までその感情に引っ張られるのです。

また、なかには「**過剰同調性***」に陥る人もいます。自分の中にまるで相手が入り込んできたかのようになり、相手の考えや感情に支配されてしまうのです。それがネガティブな感情だと、心身ともにダメージを受けかねません。

他者に共感する力が強すぎて、自分のことのように感じてしまうのが原因です。

*過剰同調性　自分の感情や意思を抑え、過度に相手に同調する状態。HSP は敏感さによって相手や周囲の空気を読みすぎるだけでなく、自己の境界線の弱さから陥りやすい。

共感しすぎて自分が流されていく

境界線がもろいと、相手の気分や感情にのみ込まれやすくなります。その影響で不快な思いをさせられたり、人間関係のいざこざに巻き込まれたりします。

バリアが弱い人　バリアが強い人

バリアが弱い人が多い

境界線がもろいために、自分を守るバリアも弱くなる。

そのうえ、共感性も高い

境界線がもろいと、人の問題に巻き込まれて自分が悩むことになったり、さほど親しくない人に不本意ながらつくすことになったりする。そんな自分がいやになることも。

相手の調子に同調しやすい

敏感な人は共感性が高く、相手に同調しやすい。しかし、度を越すと過剰同調性に陥る。

その結果

そうなると他人が自分の中に入り込み、自分がなくなるような感覚に見舞われる。

プラスα　とても敏感な人には、腹痛や吐き気などで体調が悪い人を見ると、似たような症状が出て具合が悪くなるという経験をする人が多い。

特徴③

人に見られているのがストレスになる

時間制限や誰かに見られながらの作業が苦手で、本来の実力を発揮できなくなります。

●誠実で丁寧だが、時間を要する

とても敏感な人は良心的でまじめな人が多く、仕事でも勉強でもズルや手抜きをせず、細部にも目を配り、丁寧に作業を進めます。

慎重に事を進めるという特徴もあります。脳には、大胆に思い切った行動をとる「行動活性化システム」と、逆にブレーキをかける「行動抑制システム*」の2つがありますが、敏感な人は行動抑制システムがより優位に働きます。そのため慎重の上に慎重を重ね、ミスがないようにするのです。誠実さや丁寧さで評価されることが多いのですが、場合によっては時間がかかりすぎると指摘されるのはこのためです。

●時間制限や進捗《しんちょく》うかがいが苦手

敏感な人は、その繊細さゆえ、まじめで丁寧な仕事ぶりが評価されることが多いのですが、そのためには時間の余裕があり、ひとりでコツコツ作業できることが条件となります。

ストレス*にとても弱く、短時間で済ませなくてはならない仕事や誰かに監視されながらの作業になると、本来の実力を発揮できなくなります。ケアレスミスを連発したり、仕事を完了できなくなったりすることもあります。

強いストレスが加わると、ストレスホルモンの影響で脳の働きが鈍くなり、頭が働かなくなることが影響していると考えられています。

*行動抑制システム　ある行動をとるとき、ブレーキの役割をする脳のしくみ。敏感な人はこのブレーキが強く、過去の経験と照らし合わせ慎重に決断する。ミスや失敗が少ないのはこのため。

プレッシャーがかかると混乱しやすい

ひとりでコツコツ進める作業が得意です。また、行動抑制システムが優位に働くので、手を抜かず、ミスのないように慎重かつ丁寧に作業を進めます。

いつも丁寧で
見やすい資料
だね

自分のペースを守ることができれば、優秀な仕事ぶり

仕事を丁寧に進めるには、ある程度時間がかかる。締め切りに余裕があり、自分のペースが乱されることなく進められれば、とても優秀な働きをする。

ところが

あと
1時間で
仕上げてくれ！
オロ オロ

焦《あせ》って手につかなくなる

時間制限や誰かの監視・評価といったストレスに弱く、頭が働かなくなる。ふだんならできることでもミスしてしまう。

アドバイス

自分の得手不得手をよく考えよう

どんな職種であっても個人の特徴を活かした働き方ができれば、十分に能力を発揮できます。そのためには自分が得意なこと、苦手なことを自分自身がしっかり把握すると、仕事の選び方がわかってきます。

＊ストレス　過度のストレスは、アドレナリンやコルチゾールといったストレスホルモンの分泌を促す。これらのホルモンは脳の前頭葉の働きを抑えるため頭が回らなくなって、ミスをしやすくなる。

特徴④

音や光、においなど環境の変化に敏感

五感が敏感で、
わずかな刺激
にも反応したり、
変化に気づいたり。
妙に勘が鋭い
人もいます。

●無意識のうちに変化をキャッチ

人には視覚・聴覚・嗅覚・触覚・味覚といった五感が備わっていて、さまざまな刺激を受け止め脳に伝えています。五感によって音を聞いたり、ものを見たり、においを感じたり、食べ物を味わったり、手で触れたりして、周囲の世界から情報を集めているのです。

敏感な人は、そうでない人よりも五感がとても鋭く、刺激を強く感じる傾向があります。そのため、無意識のうちにより多くの刺激を感知するのです。

なかには、五感以外にも第六感（直感）にすぐれている人もいます。

●ほかの人が気づかないことも察する

五感が敏感なので、ほかの人が気づかない、あるいは気にならないようなことにも気づきます。そのせいで照明をまぶしく感じたり、室内を漂《ただよ》うかすかなにおいでも不快に感じたり、機械の出す小さな操作音などがどうしても気になって眠れなくなったりします。

敏感さというのは、周囲にきめ細かな反応や気づかいができるメリットである一方、過剰に察知すると神経が疲れる原因にもなります。とても敏感な人は、もともと神経が高ぶりやすいという傾向があるため、それが強いストレスになってしまうのです。

＊香害　洗濯の際に使用する柔軟剤や、香水などの強い香りで体調を崩す人が増えている。海外からの輸入品によることが多く、とくに敏感な人でなくても、頭痛やめまいを訴えることがある。

五感が鋭すぎてクタクタ

とても敏感な人は五感が鋭く、必要以上の情報を集めます。しかし、受け止めた情報の処理があまり得意ではありません。そのせいでストレスがたまり、心身ともに疲れることがよくあります。

あんな大声で怒鳴らなくても…
なんか変なにおいがする
キーボードを叩く音がうるさいなぁ
新しいストッキングちょっときつい…

敏感に反応してしまうため、ストレスが大きい

ほかの人は気にならないこと、あるいはスルーできるようなことにも敏感に反応する。こうして集めた情報は脳内で処理されるが、情報があまりにも大量であるうえ、処理も苦手なので疲れやすい。

疲れた……

HELP! 疲れたら、スマホを切って小休止を

とても敏感な人は周囲のさまざまな刺激に反応してしまい、そのせいでとても疲れやすい状態にあります。ですから、自分で自分をケアする方法を身につけておきましょう。

疲れを感じたら、静かな落ち着ける場所で小休止します。スマホの電源も切って刺激を断ち、ゆっくり休みましょう。

＊低周波被害　エアコンの室外機から出る「ボオオ」という音などによる健康被害。とくに敏感な人でなくても、周波数の低い音が長時間続くことで体調を崩す。夜間では不眠になったりする。

もともとのタイプ

すべての人が内向的というわけではない

敏感な人のなかには、積極的にスリルを求める「外向的」なタイプの人がいます。

内向的・外向的をいったのはユング

とても敏感な人は、自分が内向的*だと思っています。人に気をつかって自分の意見が言えないのも、周囲に振り回されて気苦労が耐えないのも、すべて内向的な性格ゆえというのです。

もともと、人の性格を内向的・外向的*に分類したのはユングだといわれています。ただ、ユングは深層心理の研究において「内向的」とは、心のエネルギーが自分の内側に向かっているということとしています。今考えられているような、引っ込み思案や人見知り、消極的などということではありません。しかも、ひとりの人のなかで、時に入れ替わると考えていました。

敏感な人の70%は内向的、30%が外向的

敏感な人の約70%は、一般にいう意味で内向的です。自分の気持ちを表に出すのが苦手で、うまく表現できない自分を責めます。あのときああ言えばよかった、どうして言わなかったのだろうとクヨクヨします。

しかし、残りの30%は真逆の外向的な要素をあわせもつ人たちだとアーロン博士はいっています。変化や冒険を好み、社交的で目新しいことにチャレンジしますが、根は繊細なのです。遊びに出掛けると周囲の音や光、においなどの刺激に反応して、家に帰るとぐったり疲れはててしまうことが少なくありません。

*内向的　心的エネルギーが自分の内側に向かうタイプ。常に自分を意識し、感受性が高い。不安や葛藤を抱えやすい。敏感な人に多いタイプ。

外向的な要素をあわせもつ人もいる

敏感な人のなかには、外向的な要素をもちあわせている人がいます。なお、純粋に外向的な人は、過敏さはあまりもっていません。

外向的なタイプ

純粋に外向的な人は、非常に社交性があって人づきあいもよい。目新しいことやめずらしいものに目がなく、行動も大胆な人が多い。

内向的・外向的の併存タイプ

内向的と外向的の要素をあわせもつタイプは、どちらの要素がより強いかによってキャラクターが異なる。外では外向的、家に帰ったら内向的という人も。

内向的なタイプ

とても敏感な人は、内向的であることが多い。1日のことを後悔したり、自責の念に悩んだりするが、ひとりでゆっくり落ち着いてすごすこともできる。

アドバイス

内面が豊かな人とも言える

とても敏感な人にとって、現代は生きづらい世の中かもしれません。人を蹴落としてでも成功することが優秀だと評価されるからです。しかし、だからこそ自分の敏感さを見直しましょう。人間関係を大切にし、自然を感じる心をもち、内面に大きな豊かさをもっている人なのです。

＊外向的　心的エネルギーが周囲の人や物事に向かうタイプ。好奇心旺盛で、人づきあいが得意な人が多い。敏感な人のなかには、外向的な部分をあわせもつタイプがいる。

すばらしい点①

勘が鋭く、人の気持ちがよくわかる

勘の鋭さは、
敏感に察する
神経に加え、
物事の本質を
見抜く力がある
おかげです。

●瞬時に〝本質を見抜く力〟がある

一般に、人は何らかの結論を導き出すときにはさまざまな判断材料を検討し、考えてから決めるものです。ところが、敏感な人は直感力にすぐれていることが多く、考えなくてもズバッと答えがひらめく傾向があります。もちろん全部が正解というわけではありませんが、比較的的中することが多いといわれています。

大げさなことでなくても、自分の勘が妙に当たりやすいと感じている人はいませんか。例えば、学生時代には授業中自分が先生から指名されるのがわかったり、誰かが誰かを好きだとわかったりしたことがあるでしょう。

●自分の力にもっと自信をもっていい

繊細なうえ直感力があって、周囲の変化によく気づくとなると、人の気持ちがわかるほうだというのも不思議ではありません。

ちょっとしたしぐさから、人が困っていると察知できるので、先回りして気配りすることができます。組織の中では頼りにされることが多くなるでしょう。ニコニコしていても、じつは悲しく思っているなどと、本音を見抜くこともできます。そうした本音の気持ちに同調できるので、相談役にうってつけです。

こうした力はもって生まれたもの。敏感さは、自分で思っている以上にすばらしいのです。

＊潜在記憶　無意識に思い出すもので、本人にも覚えがなく、何かの拍子にふと呼び起こされるもの。一方、自分の意思で思い出すことができるものを「顕在記憶」という。

何となく次の展開がわかってしまう

とても敏感な人は、瞬時にいろいろな情報を察することができ、次の展開を読むことができます。自分でも意識していないのに、相手のことが何となくわかってしまうのはこのためです。

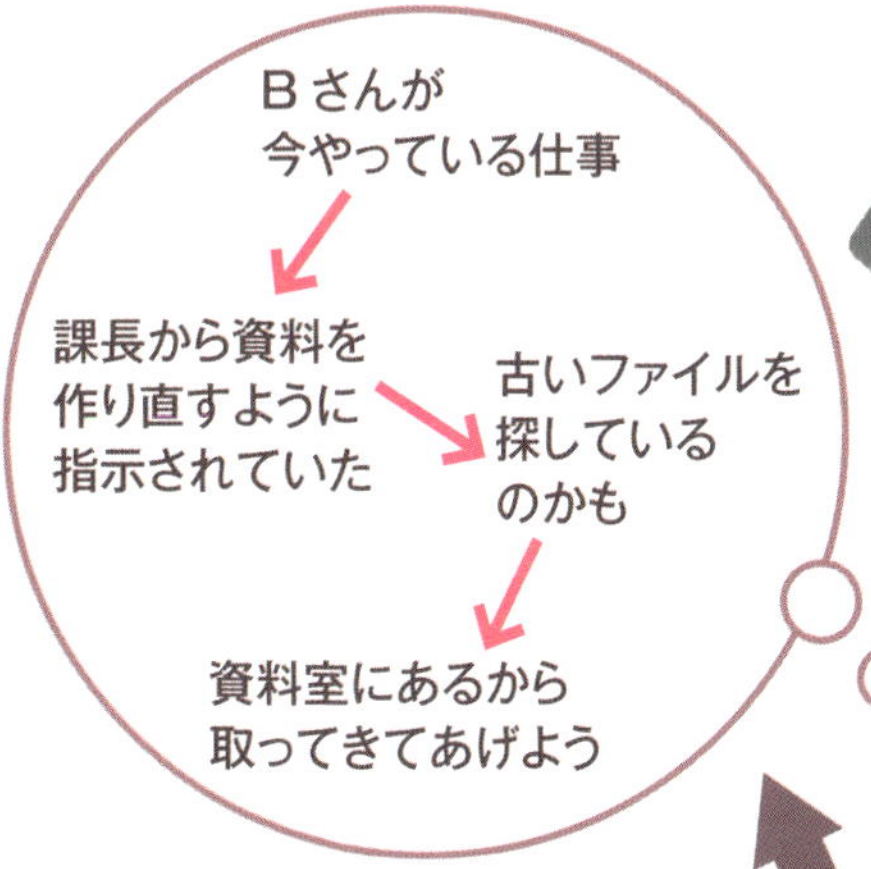
Bさんが
今やっている仕事
課長から資料を
作り直すように
指示されていた
古いファイルを
探している
のかも
資料室にあるから
取ってきてあげよう

ファイルを
探しているのね…

教えて! なぜ、敏感だと直感力が鋭くなる?

脳は過去の記憶をもとに判断します。その中には、自分でも意識していない深い部分にある「潜在記憶*」も含まれています。

敏感な人は五感が研ぎ澄まされていて、潜在記憶の中から掘り起こす情報が、状況にぴったり合致しているのでしょう。すぐれた直感力もこのため。右脳の働きが活発なことも関係しているのかもしれません。

敏感さによって収集した情報で展開を予測

敏感な神経のおかげで、様子を見ただけで相手が何をしようとしているのか察するのが得意。相手にしてみれば、どうしてわかったのか不思議に思うことが多いが、結局、頼りにされがち。

プラスα とても敏感な人は、超能力がある、予知能力があるなどといわれることがあるが、科学的な検証ができず、定かではない。直感力があるため、そのように見えたとも考えられる。

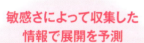

すばらしい点②

マイナス面は裏返せばプラス面になる

敏感な人は、
すばらしい点を
いっぱいもって
います。自信を
もって大丈夫。

●敏感さをネガティブにとらえていないか

とても敏感な人は、自分のことを「人見知りでしかたがない」「内向的で意見が言えない」「周囲に振り回されてばかり」などと卑下《ひげ》しがちです。何かに敏感に反応してしまうと、自分はダメな人間だと思い、周囲の視線を苦痛に感じ、さらに萎縮《いしゅく》していくという悪循環に陥ることもしばしばでした。

たしかに、**アーロン博士のＨＳＰの概念が発表されるまで、神経質で過敏な性格はネガティブにとらえられていました**。博士自身も、自分のことを「二流の人間だと思っていた」と告白しています。

●物事はとらえ方しだい

じつは、こうした**ネガティブなとらえ方は思い込みにすぎません**。アーロン博士も、その著書のなかで、過敏な人にはすばらしい特徴がたくさんあると述べています。

何でも同じですが、物事はどうとらえるかで、180度変わります。例えば、内向的な性格は思慮深いといえます。過敏さは感性にすぐれているともいえます。芸術や自然のすばらしさを満喫できるタイプです。

これまで感じていた多くのマイナス面は、すべてプラス面にとらえ直すことができます。つまり、**敏感な人ほど、幸せになれる**のです。

プラスα　ある靴メーカーが新商品を売り込むとき、その地域の住民は裸足で生活していた。マイナス思考では「誰も靴をはいていないから売れないだろう」。プラス思考では「誰も靴をはいていないから靴の売れる可能性は無限大」。

マイナス面をプラス面にひっくり返そう

アーロン博士の最大の功績は、過敏さに悩んでいた人に、ポジティブな光を当てたことです。性格のゆがみや劣った人間ではなく、豊かな感情をもった、すぐれた人間だと主張しました。私たちも、マイナス面をプラス面に大転換させることができるのです。

マイナス

過敏で何でも気にしすぎる

プラス

豊かな感性をもった繊細な人間

人生の幅が広がる。気配りができ、仕事でも有用。芸術を深く理解できる。大成した芸術家にＨＳＰが多い（p120参照）。

マイナス

人の感情や気分に振り回される

プラス

頼りにされる。また、リーダーに向く

人の気持ちを察知し、親身になれるので、相談役になれる。空気が読めるので、今必要なことがわかる。メンバーから慕《した》われるリーダーになれる。

マイナス

音や光、においに敏感

プラス

楽しみが多い。また、危険を察知できる

微妙な味の違いがわかる。おいしい料理や、四季折々の自然を楽しめる。また、感覚が研ぎ澄まされているので、危険を察知できる。

マイナス

何とかしなくてはと気苦労が多い

プラス

良心的で堅実

仕事の面では信頼される。堅実さに加えて直感力もあるので、人生の失敗が少なくなる。人から信頼されるのは、友だちの多さにもつながる。

プラスα　昔、鉱山や炭鉱ではガスの発生をいち早く察知するためにカナリアを携行した。これに喩えて、HSPは人類が生き残るための“時代のカナリア”としての役割をもつという説もある。

チェックテスト

HSPかどうか、自己チェックしてみよう

少しでも当てはまるなら「はい」、まったく当てはまらない、あまり当てはまらないと思う場合は「いいえ」を選びます。

①周囲の微妙な変化にすぐ気づき、空気を敏感に読む……はい・いいえ

②相手がどういう気分なのか、気になってしかたがない……はい・いいえ

③人にどう思われているか、とても気になる……はい・いいえ

④人と話しているとき、つい言葉の裏を考えてしまう……はい・いいえ

⑤人見知りで、初めて知り合った人となかなか慣れない……はい・いいえ

⑥ひとりでいるのが苦手で、誰か頼れる人がいてほしい……はい・いいえ

⑦体に触られるのが苦手……はい・いいえ

⑧人前で仕事をするのは集中できないので苦手…………………………はい・いいえ

⑨おなかがすくと集中できなくなる……………………………………はい・いいえ

⑩間違いを指摘されると傷つき、なかなか立ち直れない……………はい・いいえ

⑪約束をすると、とても気になって落ち着かない……………………はい・いいえ

⑫カフェインに敏感で、お茶やコーヒーを飲むと眠れない…………はい・いいえ

⑬においや味などの好みが強く、苦手な食べ物も多い………………はい・いいえ

⑭忘れ物やミスがないか、何度もチェックするほうだ………………はい・いいえ

⑮他人に対して、とても良心的だと思う………………………………はい・いいえ

⑯ちょっとしたことにも、すごくびっくりする………………………はい・いいえ

⑰ 大きな音がとても苦手……はい・いいえ

⑱ 明るい光や交通音、時計の針の音が気になって眠れないことが多い……はい・いいえ

⑲ 動揺してしまうような状況をなるべく避けている……はい・いいえ

⑳ 想像力が豊かで、空想にふけることが多いと思う……はい・いいえ

㉑ 美術や音楽が大好きで、人より感動するほうだ……はい・いいえ

㉒ 勘がいいほうだ……はい・いいえ

㉓ 痛みに敏感……はい・いいえ

㉔ 暴力的、残酷なシーンのある映画やテレビは見ない……はい・いいえ

㉕ 短い時間に多くのことを同時にするのは苦手……はい・いいえ

㉖ 生活に変化があると混乱し、落ち着くまで時間がかかる……………はい・いいえ
㉗ 人前で話すのが苦手でプレゼンテーションなどで緊張する……………はい・いいえ
㉘ 肩こりや頭痛をよく感じる……………………………はい・いいえ
㉙ ストレスで胃が痛くなることがある……………………………はい・いいえ
㉚ 子どものころに、親や教師から「内気」「神経質」といわれていた……………はい・いいえ

結果の見方

20項目以上に「はい」と答えた場合はHSPです。また、「はい」が10から19であっても、その度合いが非常に強ければHSPの可能性があります。

出典『ささいなことにもすぐに「動揺」してしまうあなたへ。』エレイン・N・アーロン著を参考に、日本人に合うように改変（保坂隆）

子どものころから自分の敏感さに気づいていた人が多い

とても敏感な子どもを「HSC（highly sensitive child）」といいます。

こうした子どもは、赤ちゃんのころから過敏さが現れるため、特に親が過敏でない場合は子育てに苦労することが多いとされています。

では、過敏な子どもは自分の過敏さにいつごろから気づくのでしょう。

幼児期になると、無意識のうちに親や周囲の大人たちの気持ちを察するようになります。手のかからない“いい子”と思われている一方、本当の自分の気持ちを理解してもらえない寂しさを感じることが増えてきます。しかし、空気を読んで“いい子”になるよう無理をしつづけます。

9～10歳ごろには自分を客観的に見て、自分で考える力もつきます。そして自分がほかの子と違うことに気づきはじめ、他人の目を気にするようになります。みんなから浮かないようにしなければと悩んだり、そのことを苦痛に感じたりするようになります。

親や周囲に何を期待されているのかがわかり、がんばってしまう。

第2章

感じ方や考え方に「クセ」がある

とても敏感な人は、物事の受け止め方や考え方に
クセのようなものがあります。
これは個性である反面、
悩みのタネになることもあります。

思い詰めると、そこから抜け出せなくなる

先パ…
ピッ
ピッ
忙し〜
うっ
ピッ
ピッ
忙しいオーラ
あわわ
確認したいけどすっごく忙しそうで聞けないよ〜
ウロ
ウロ
聞きたいこと聞けないし…
間違ってるままじゃダメだし…
でも時間もないよ〜
ど、どうしよ〜〜
ぐる
ぐる
はっ
そうだ!
両方作っておこう!
時間ないけどお昼抜きでやればきっと何とか…
カタカタ

えっ まだできてないの？
時間かかりすぎ…
ス、スミマセン！
時間がかかってる理由を言えないよ～
ん？できてるじゃない
あ…それは…
これ持ってくわね～
ありがと～
いや…それはまだ途中で…
ゴニョゴニョ
間違っているおそれのある方の資料
部長～例の資料です～
ど、どうしよう…
一時間後
ヒロコさん…

ハ〜
資料間違ってたの気づかなかった?
ビクッ
バサッ
部長に叱られちゃったんだけど…
違うぞ!!
えっ
スミマセン!!
ハァ〜
ハ〜
次は疑問に思ったら質問してね!
ハイ…
カッ
カッ
ズーン
ズブ
ズブ
あ〜どうして先にちゃんと確認しなかったんだろ…
あ〜〜
先輩が叱られたのは私のせい…
ズブ
ズブ
私が悪いんだ!!
ドヨーン
ハァ〜
?

物事のとらえ方にクセがある

●感じ方や考え方のクセは大敵

ふだんから悩みを抱えやすく、生きづらさを感じていないでしょうか。それも過敏さによるものだといえます。

落ち込みや傷つく原因になりやすいのは、感じ方や考え方にクセがあるからです。〝〇〇すべき〟や〝私なんか〇〇だから〟といった考え方をしていないでしょうか。その考えから抜け出せず、自分で自分をつらい状況に追い込んでしまう傾向があるようです。

それもまじめさ、良心的といった特徴からきています。誰かに問題をおしつけることもできず、悩みつづけてしまいます。

●考えすぎのループにはまっている

いつまでも、すんだことをクヨクヨ思い出したり、これからのことを、ああしようか・こうしようかとくり返し考えたりしていませんか。熟考といえばいいのですが、考えすぎのループにはまって抜け出せないと疲れます。

どれだけ考えても答えが出ないこともあります。あるいは、悩みそのものが、考え方のクセから生まれた思い込みということも。

まず、**自分の考え方や感じ方のクセを把握しましょう**。そのうえで、避けられることは避けます。また、感じ方や考え方のクセは、意識すれば直すことができます（148ページ参照）。

どんなときに落ち込み、傷つくのかを把握します。そこから、自分のクセがわかることがあります。

プラスα ある特定の人と会うと、後で具合が悪くなるという経験をしている人が多い。また、具合が悪い人を近くで見るだけで、自分も体調が悪くなることがあるので、気をつけたほうがよい。

落ち込みや傷つく原因になるものが多い

感じ方や考え方のクセ

完璧主義、物事の白黒をはっきりつけたがる、「私はバカだ」などのレッテル貼り、マイナス思考など、考え方のクセは誰にでもあるが、過敏な人には、こうしたクセが強い人が多い。そのため、自分を過小評価したり、責めたりしてしまう傾向がある。

敏感な人には、そうでない人なら気にならないことでも大きく影響します。むやみに落ち込んだり傷ついたりしないように、自分を守るためにも感じ方や考え方のクセを把握しておきます。

悩みが生まれ、答えを求めようとする

どんなに疲れても、考えるのをやめようとしない。疲労で考えが浮かばない状態になっても、自分を叱咤《しった》して、解決策を求める。問題に執着しすぎているともいえる。

しかし、答えが出るとは限らない

どんなに考えても答えが出ないことはある。また、得られた答えが正解だとはかぎらない。そのことが不安になり、また考え始めてしまう。

アドバイス 周囲の刺激で疲れを感じたときは休む。過敏な人はひとりで落ち着ける公園やカフェ、図書館や美術館、水族館など、リラックスできる自分だけの隠れ家的な場所を決めておくと安心。

完璧をめざす

常に一〇〇点をとろうと無理をしすぎる

失敗は誰にでもあることなのに、完璧にすべきと考えて極端に無理をしがちです。

●全力をつくすのはよいが……

敏感なうえにまじめで良心的。そのため手抜きやズルができません。仕事も対人関係もじつにきめ細かいのです。しかも、「失敗するべきではない」、「絶対成功させる」、「完璧でなければダメだ」などの〝**べき思考**〟や〝**完璧主義**〟といった考え方のクセをもつ人が多く、常に一〇〇点をとりつづけなければいけないと思い込んでいる人も多くいます。

常に完璧を期するあまり、あらゆることに全力投球します。

しかし、ミスがないように何度もチェックするせいで効率が悪く、時間がかかってしまうため、それを取り戻そうとして無理をします。全力で取り組むこと自体はよいのですが、自分で自分を追い詰めてしまいます。

●両極端な思考にもハマりやすい

ほかにも考え方のクセとして多いのが、何でも白黒はっきりつけたがる〝**白黒思考**〟や、「〇〇は△△だ」と決めつける〝**レッテル貼り**〟などです(左記参照)。いずれも極端な考えに走りやすいので要注意です。

こうした考え方のクセによって、いつも自分に対して否定的であったり、過小評価ばかりしていることになりかねません。それでは、せっかくの豊かな感性がもったいないですね。

＊完璧主義　自分なりのルールに従い、細心の注意を払って完璧に事を成し遂げようとすること。テストで常に100点をとりつづけようとするが、そのようなことは無理。

過敏な人に多い特徴的な考え方のクセ

白黒つける
物事の白黒をはっきりつけたがる。YESかNOか、0か100かというように極端に考える。

根拠のない思い込み
何も根拠がないのに勝手に結論を出す。実際とは違うのに思い込んでしまう。

べき思考
"～すべき"とか、"～しなければならない"とかたくなに思い込んでいる。

完璧主義
常に完璧をめざす。失敗やミスは許されないと思い込んでいる。

レッテル貼り
1つの要素をすべてのことに当てはめて、ネガティブな評価をする。

自分のせいだと思い込む
自分ではどうにもできないことでさえ、すべて自分に責任があると思い込む。誤った自己責任化をする。

その結果

失敗するとはげしく落ち込む

がんばったのに失敗したり、ミスがあったりすると、自分を責めてひどく落ち込んでしまう。うつ病になるほど気に病む人もいる。

体を壊すほど働きすぎる

失敗が怖くて何度も確認するので、作業効率が悪くなる。それをカバーするために残業をしたり、徹夜したりして無理をする人も多い。

プラスα 完璧主義の人に対し、ネガティブ思考やマイナス思考をやめたほうがよいと助言すると、"プラス思考をすべきだ"と思い詰めてしまい、アドバイス自体が"べき思考"になってしまうことがある。

あがり症

人前で何かするのが怖くてしかたない

失敗を人に知られたくない気持ちがある

　敏感すぎる人は、人の目があると仕事でも何でも、ふだんの実力を発揮できなくなる傾向があります。敏感さゆえに、他人の表情やしぐさからあれこれ想像して反応してしまうのです。敏感な人はあがり症でもあることがとても多く、人前でのスピーチや、パーティなど大勢の中にいるとき、人前で字を書くような状況にあるときに、赤面したり、声が震えたり、動作がぎこちなくなったりします。緊張から頭が真っ白になって、スピーチの内容をど忘れすることもめずらしくありません。

　はげしく動揺するその根底には、人前ではきちんとしなければダメだという考え方のクセや、他人に自分の失敗を知られるのは恥ずかしいことだという思い込みがあります。

思い込みが足かせになっている

　あがり症の人にも、人前で失敗するのは恥ずかしいことだという思い込みがあります。そのため、敏感な人は余計にあがり症に拍車がかかってしまいます。

　しかし、人前で緊張するのは当然のことですし、その緊張から失敗しても、それを他人が気づくかどうかはわかりません。もし、気づかれたとしても、それをあざ笑うような人はそうそういるとは思えません。

他人に置き換えてみれば、失敗するのが恥ずかしいことでもなんでもないとわかるはずです。

プラスα　あがり症が重症化すると、社交不安症になる。原因は、人前で失敗したらという強い不安や、自分が嫌われていると確信的に思い込む対人恐怖による。

結末を決めつけるクセが根底にある

プレゼンテーションの準備をしたはずなのに、いざとなるとあがってしまって、言葉が出てこない。

結婚式の披露宴で友人からスピーチを頼まれると、「できない、無理」と出席じたいを断りたくなる。

心身の緊張が起こる

緊張すると赤面したり、発汗したり、声や体が震える、動作がぎこちなくなる、頭が真っ白になるといった状態になる。

↓

他人の評価を想像

緊張して上記のような状態になった自分を他人が見たとき、どう評価されるかを想像する。敏感すぎると、ダメなやつだとか小心者だとか、だらしないと思われているなどと想像しがち。

↓

否定的にとらえる

相手のかすかな表情やしぐさの変化を敏感に読み取ることができるが、それを否定的な印象をもたれたと思い込んでしまうことが多い。

↓

自分はダメな人間だと決めつける

思い込みから自分はダメだと決めつけ、落ち込む。こうしたことをくり返すうちに確信をもつようになり、人前に出るのを極端に嫌がるようになる。

プラスα あがり症には、子どものころに親から“人前ではちゃんとしなさい”としつけられてきたことが影響している人もいる。人前で失敗したらダメだと思い込んでいるため、余計に緊張するのである。

自分を抑えてでも他人を尊重しようとする

●無理をしてでも相手の望みをかなえる

繊細で敏感な神経をもつ人は同調性がとても高く、子どものころから親や周囲の人たちの顔色やしぐさをうかがい、相手が何をしてほしいのか、どう応えればよいのかを察し、いつでも〝いい子〟を演じてきました。そのせいで、自分の希望や要求を伝えるのを遠慮し、ずっと自分を抑えてきたのです。

ふつうなら自分だけががまんを強いられると腹が立ったり、不満を感じたりするものです。

もちろん、心の中では不公平だとか、自分だけ割が合わないといった不満をもっています。

しかし、こうしたネガティブな感情をもち、そのことで相手に対して態度がぎこちなくなったりすると自分を責めてしまうのです。

●人を信じるあまり、だまされやすい

人の気分や感情を察知できる反面、人を尊重しすぎてだまされることもあります。何かおかしい、と直感が働いても、自分のほうに何か落ち度があって相手を信じられないのでは、と疑惑の目が自分に向いてしまうのでしょう。

また、断ったら悪いかな、と自分を抑え込んでしまうことも、だまされやすい一因です。

直感を信じて、断るときはしっかり断ること、場合によっては他人への尊重はほどほどにして、自分の意見を主張することも必要です。

和を重んじるのはよいことですが、過度に自分を抑え込む傾向があります。

アドバイス　自分の考え方のクセは自分では気づきにくい。友だちや知り合いに「いつもそんなふうに言うよね」と言われていることがあれば、それがクセかも。

自己主張をする練習が必要

心身の緊張が起こる

相手を傷つけたくない、がっかりされたくない、波風を立てたくないなど、相手を尊重しすぎて自分を抑え込むのがクセになっている。

不満が募《つの》り、態度がぎこちなくなる

自分だけがいつもがまんしている、不公平だと感じる。そのせいで言いよどんだり、態度がまごついたりしてしまう。なお、感情を抑えすぎていると一気に吹き出し、急激に怒りをぶちまけることもある。

結局、自分を責めることに

不満があっても、そういう自分を責めてしまう。しかし、不平不満はいつまでも解消されず、強いストレスになる。

こうするとラクになる!

アサーショントレーニングで自己主張の練習をする

アサーション*とは、相手の意見・要望を一旦受け止めつつ、自分の意見も伝える方法です。自分の意見をいきなり否定されたり、拒絶されたりすると、誰でも腹が立つもの。そこで一旦肯定したうえで、自分もこうしたいという希望を伝えるのです。すると、双方納得のいく結果を得やすくなります。

お互いの気持ちを尊重する

アサーションを実践すれば、お互いの気持ちを尊重したコミュニケーションがとれる。

*アサーション　自己表現が苦手な人たちの心理療法から生まれた方法。攻撃的でなく、また言いなりにならず、相手も自分も尊重しながら意見を述べることをめざす。

自分を否定する

うまくいかないのは自分のせいだと悩む

●自分を否定するクセがある

とても敏感で繊細なので、ちょっとしたことで落ち込んだり、疲れたりしやすい傾向があります。そのせいか他者と自分を比べては、弱々しい自分のことを落ちこぼれだとか、ダメな人間だと責めてしまう人がいます。

しかし、こんなふうに自己否定しつづけると、自分をどんどん嫌いになって自己肯定感も下がっていきます。

自己肯定感は、自分というものをしっかり保つうえで不可欠です。

過敏な人はただでさえ他者との境界線がもろいので、自己肯定感が低くなると、〝自分は自分〟という確固たる気持ちがもてなくなってしまいます。

●自分で自分を認め、守ってあげる

他人に引きずられ、自分を見失うのはいやだ、自分を強くもちたいと思っているなら、まずは今の敏感な自分を認めてあげましょう。敏感で繊細だから、幸せになれる、すばらしい点もいっぱいあることを考えてください。

ほかの人に悪く言われても、自分だけは自分を守ってあげると言い聞かせましょう。

そもそも、他人と自分を比べるのは無意味です。ですから、あの人と比べて自分はダメだ、などと思わないことです。

他人と自分を
比べ、自己否定を
強めると、
ますます自分を
追い詰めて
しまいます。

＊うつ病　気分の落ち込みや意欲の低下、頭が働かない、眠れない、早朝に目が覚める、食欲がないなどの症状がある。本人は自覚がなく、家族や周囲の人が異変に気づくことも多い（86ページ参照）。

他人ではなく、過去の自分と比べる

他人と自分を比較すると……

敏感さは弱さではなく、あくまで特徴にすぎないのだが、自分で弱点だと決めつけている。そのため、他人と比べて自分はダメな人間だと思い込み、自己否定に陥りやすい。

他人と比べても意味がない

そもそも人はひとりひとり個性があり、持ち味も大きく異なるので、共通の物差しがない。つまり、他者と自分を比べることはできない。比較するとしたら、過去の自分と今の自分を比べるほうがいい。

過去の自分と比べ、褒《ほ》めるべきは褒める

半年前、1年前、3年前の過去の自分と今の自分を比較し、成長している部分を見つける。いいところがあれば、自分で自分を褒める。そうやって自己肯定感を高めることが大切。

アドバイス

敏感な人は、本当の自分がよくわかるはず

敏感な人が環境や人づきあいで悩むのは、自分がどうすれば居心地がいいのかが本能的にわかっているからです。高感度のセンサーをもっているのですから、自分の内面にアンテナを向けて、ありのままの自分をキャッチしませんか。世間の一般的な物差しで自分をはかって、ダメな人間だと決めるのは、もうやめましょう。

プラスα　自己否定感は完璧主義と関連している。完璧にできない自分はダメな人間だと思い込み、自分を責め、なかなか認めることができないため、自己を否定することになる。

何が原因？①

性格ではなく、もって生まれた気質

●敏感さは性格ではなく気質による

なぜこんなに過敏な人間なんだろうと考えてしまうでしょうが、それはもって生まれた気質によるからです。気質はその人間にもともと備わっているもので、体質と同じように、変えることはできません。

一方、性格は気質とは違います。心理学でも、この２つは別の概念です。本書でもこれまで「過敏な性格」とは述べてきませんでした。

性格は、育った環境や体験によって、後天的につくられていくものです。ちなみに、人格も性格と同様、環境や体験によって育まれていくものです。

●自分のありのままを受け入れよう

気質は変えられないものなので、受け入れるしかありません。過敏な自分をありのままでいいと認めることです。過敏さはマイナスとはいえないからです。

ただし、気質は性格に表れます。性格は意識すれば変えていくことは可能です。過敏な気質をポジティブに表すかネガティブに表すかは、本人しだいというわけです。

そこに大きく関わってくるのが、自分の過敏さをどう受け取るかということ。過敏だからダメと落ち込むか、敏感で繊細だからよかったと明るく前向きになれるか、自分しだいです。

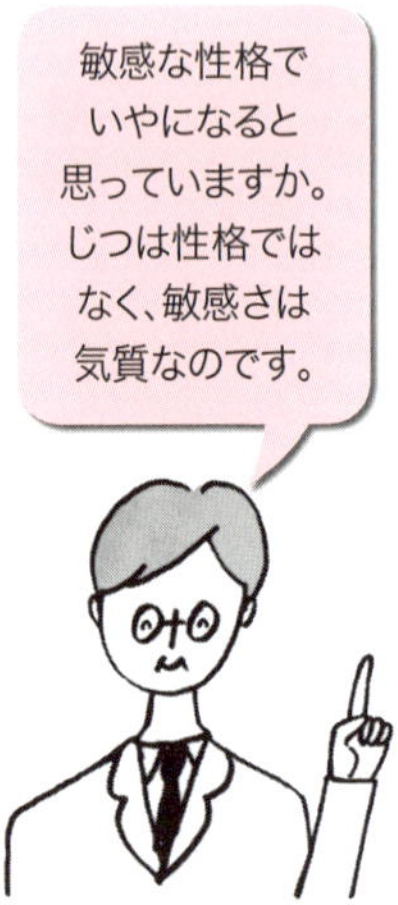
敏感な性格で
いやになると
思っていますか。
じつは性格では
なく、敏感さは
気質なのです。

プラスα 敏感ゆえの遅刻が多い人もいる。出がけにあれこれ気がついてしまい、気がつくと出発時間がすぎていたり。ルーズでだらしないのではないが、そのように誤解されがち。

気質と性格の違い

気質は性格と別の概念、といってもわかりにくいでしょうか。気質と性格の違いは、アボカドに喩《たと》えるとよくわかります。気質はアボカドのたね。性格はアボカドの果肉と考えてみましょう。

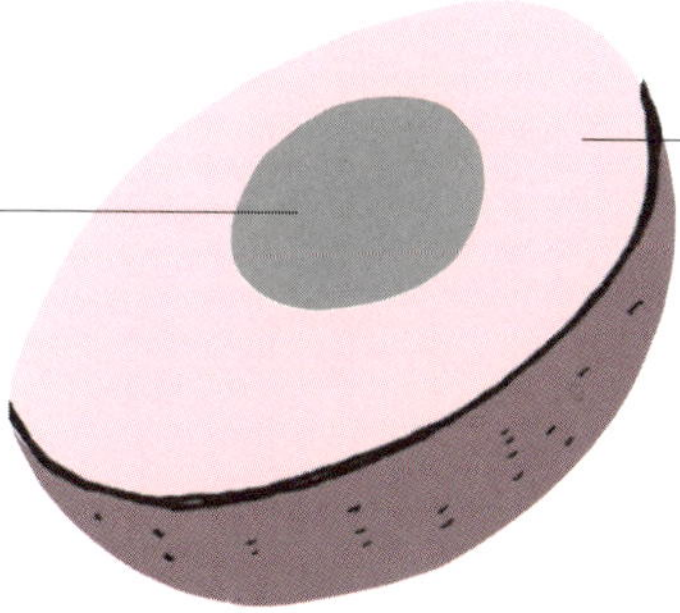

たね

➡ 気質

たねは堅くて中心にある。気質は、社交性や内気、がんこ、きちょうめんなど、生まれつきもっている、その人の特徴。ある事柄や感情、行動などの刺激に反応するパターンや傾向のこと。性格や人格と違い、生涯大きく変わることはない。

果肉

➡ 性格

核となるたねをとりまく果肉。性格も気質を核にして、育った環境や体験からつくられていく。

変えられるランクがある

性格は変えることが可能だが、変えやすさには3ランクある。

変えやすい ➡ 役割性格

仕事や立場で担った役割によってつくられた性格。

やや変えやすい ➡ 社会性格

教育や職業、社会的な環境でつくられた性格。

変えにくい ➡ 人格

育っていく環境でつくられた性格。

教えて!

気質は遺伝するものですか?

気質は遺伝する可能性はあります。ただ、一卵性双生児でも、まったく同じではないように、過敏さも必ず遺伝するとはいえません。むしろ、育っていく環境によって、過敏な気質が性格に表れるかどうかが変わることがわかっています。

プラスα ITやAIが知的労働に携わっても、ひらめきや感性は人間だけのもの。HSPの活躍が期待される。

何が原因？②

子どものころから自分を抑えてきた？

過敏な親に過敏に育てられることも

過敏さは気質ですが、その現れ方は育ってきた環境や経験で変わってきます。

例えば、過敏な気質があってもおおらかに育てられた子どもや、敏感な体を積極的に鍛えるように育てられた子どもは、過敏さがあまり現れなくなります。

その逆に、親がとても敏感で、子どもを神経質に育てた場合は、その子どもは敏感な大人に成長していくことが多くなります。

もちろん、子どもが育つ環境は親だけではありません。友だちや先生、地域の環境にも影響されると考えられます。

〝いい子〟になることを自分に課していた

本人の気質が敏感さに拍車をかけることもあります。親や周囲の大人たちの気持ちを敏感に察するので、言いつけをよく守る、手のかからない〝いい子〟になろうとします。

しかし、いつも期待に沿えるわけではありません。そのようなとき、過敏さゆえ、自分を否定して、自己評価を下げてしまいます。

また、親が敏感さをもっていなくても、子どもがＨＳＰのような行動をとることがあります。子どものころに十分な愛情を注がれていなかった場合で、親子の「**愛着**」が形成されていないことが影響していると考えられます。

とても敏感な人は、子どものころ“いい子”と言われていたことが多いようです。

プラスα 愛着形成が不十分な人は、相手に対して過剰なまでに尽くすことがある。相手が異性でも同性でも関係なく、なかには裏切られても尽くすのをやめられないこともある。

親子の「愛着」が育っていないと

愛着が形成されずに育った子どもは、超敏感な人と同じような行動をとる傾向があります。

愛着が形成される

愛着とは

子どもは、親や保護者から愛情を受け取ることで安心して甘えることができ、信頼関係を築いていく。これを「愛着形成」という。

安定した自我の確立

親や保護者から愛情をたっぷり受けて育った子どもは絶対的な安心感を得られる。ありのままの自分でいいという確信を得て、自己肯定感が高まる。その結果、安定した自我を確立できる。もともと過敏な気質でなければ、過敏な大人になることはほとんどない。

一方、

愛着が形成されないと…

自己否定や過小評価に陥る

自分はダメな子だと思い込みやすい。自己否定が強く自己評価も低い。自我の確立も不十分で人の感情に振り回されるなど、HSPのようになる。

ただし！ 親のせいともいえない

愛着が形成されないのは育て方の問題だけではない。親が愛情たっぷりに育てていても、子どもがもっと愛情をほしがるタイプのこともある。ただ、注意したい点がある（112ページ参照）。

プラスα 過度な愛情も子どもには負担。親の愛情に応え、親に嫌われないように常に“いい子”でなければならないと思い込み、本音が言えなくなる。また、過度な愛情は過保護や過干渉につながることも。

脳の働き？

脳内のホルモン分泌に特徴があるという説

過敏な人の
脳の中で何が
起こっている
のか研究
されて
きました。

●脳内のホルモン分泌に特徴があるらしい

ハーバード大学のジェローム・ケイガン教授は発達心理学の専門家ですが、敏感な赤ちゃんの研究をしています。

ケイガン教授は赤ちゃんの脳も研究していますが、とても敏感な赤ちゃんの脳では、神経を高ぶらせる働きをもつノルエピネフリンというホルモンが多く分泌されていることがわかりました。また、何かに警戒しているときに分泌されるコルチゾールというホルモンも多かったと報告しています。

また、敏感な赤ちゃんは右脳の働きが活発であることも発見したそうです。

●敏感さは脳の働きの過剰さか？

敏感なセンサーによって周囲からたくさんの情報を感知すると、その情報をもとに頭の中にはさまざまな感情やイメージ、感覚、インスピレーションがわいてきます。つまり、脳の働きが過剰になっているのではないか――。

アーロン博士もそのように考えたのか、超敏感な人たちの脳のCTスキャン検査を行っています。そのほか、数千人を対象にしたセルフチェックのアンケートなどをして、精神医学からの研究もしました。その結果、人には「とても敏感なタイプ」と「とてもタフなタイプ」がいることがわかったとしています。

＊別の説①　脳の扁桃体という部分が関連するという説も。扁桃体は、集めた情報を過去の出来事や経験などと照らし合わせて、自分に危険がないか好ましいことかを判断し、反応するシステムが備わっている。

過敏な人の脳では

過敏な赤ちゃんの研究ですが、大人でも同様のことが起こっていると考えられます。

多く分泌される脳内ホルモンがある

ノルエピネフリン：神経の高ぶりに関連するホルモンで、脳内のノルアドレナリンのこと。

コルチゾール：神経が高ぶっていたり、何かに警戒しているときに分泌されるホルモン。

情報や刺激をキャッチ

HSPは敏感なので、周囲からたくさんの情報をキャッチし、頭の中で処理している。

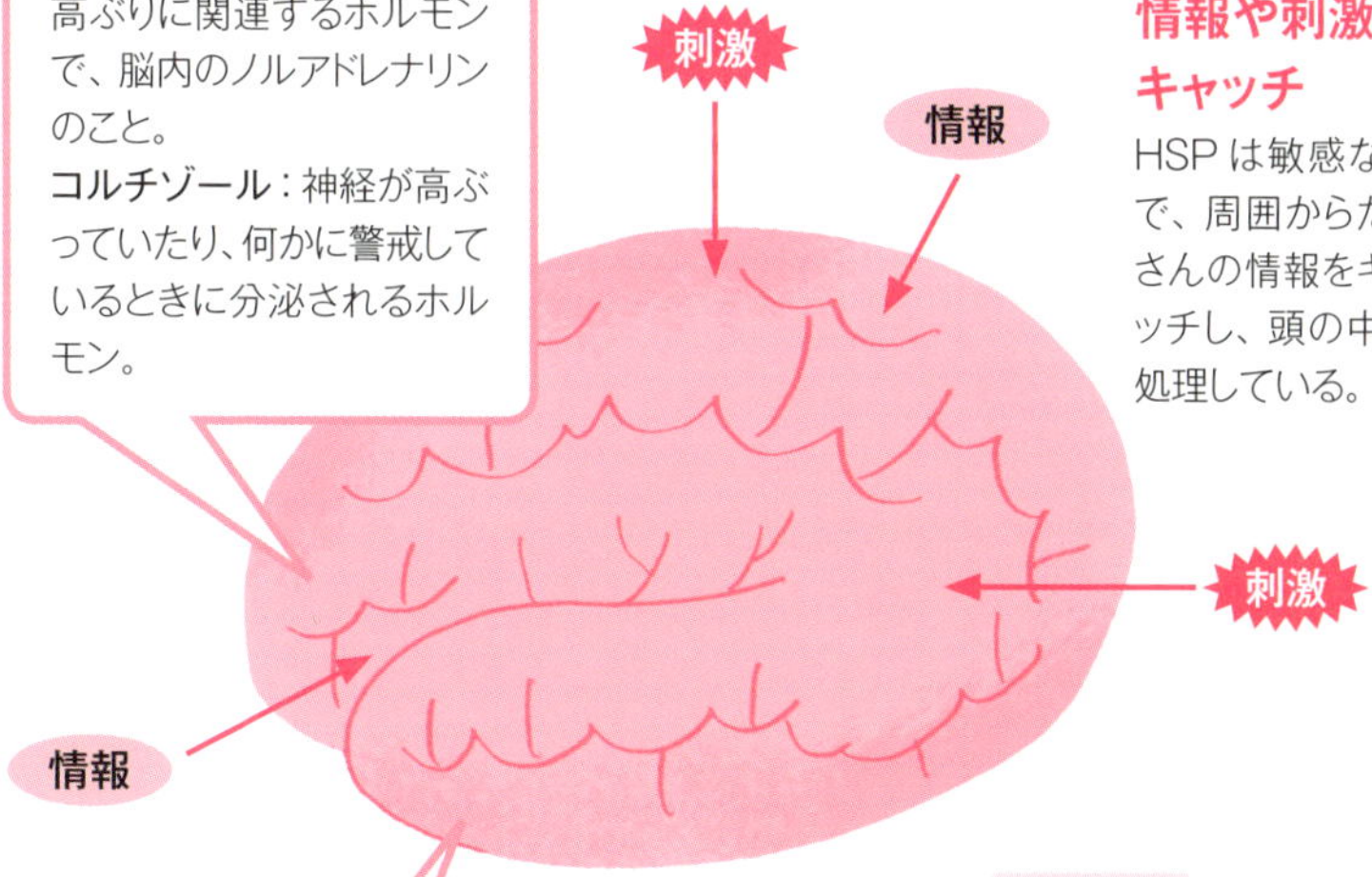

その結果

神経が高ぶり、警戒心をもつ

頭の中に多くの感情やイメージだけでなく警戒心もわいてきて、先々のことが不安になる。

ついネガティブな発想になったり、自分を否定したり。葛藤が生じて疲れてしまう。

右脳の働きが活発になっている

おでこの温かさから、血流をみたところ、右脳のほうが活発なことがわかった。これは赤ちゃんだけでなく超敏感な大人でも同様の傾向がみられたという。右脳は左脳に比べて非言語的で、イメージや直感力、想像力にかかわるといわれている。

＊別の説②　扁桃体のシステムによって行動を抑えることが多くなる。そのため、頭の中には多くの感情やイメージが浮かんでいるのに言葉にできず、自分の中にためこんでしまうという。

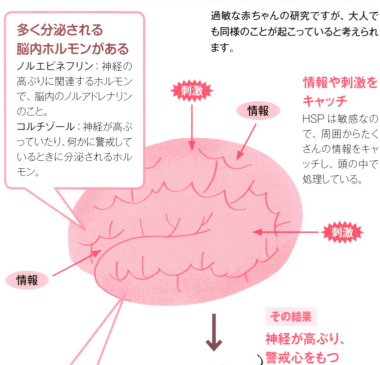

コラム

サプライズが苦手。うれしさより混乱してしまう

ドタキャンなどの予定変更や、待ち合わせ場所が急に変わったりすると誰でもあわてます。しかし、過敏な人は、神経が高ぶりやすいのでとても動揺します。多くの情報が一気に頭に入ってしまうためか、いわゆる“頭が真っ白”になり、うまく対処できません。

それはサプライズ演出でも同じこと。サプライズプレゼントなどをもらっても、驚いて混乱してしまいます。相手に気をつかって、喜ばなくてはと思うのですが、突然の事態を受け止め切れないことも。サプライズの内容によっては怒りがわいてくることさえあります。

サプライズ演出をしてもらったときは、すぐに反応せず、いったん動揺を静めましょう。ひと呼吸おいてから「ありがとう」を。

また、友人などは、敏感な人をあまり驚かさないようにしてあげてください。

サプライズ演出をうまく受け止められず、とても驚き、苦しくなることもある。

第3章

敏感すぎる体質で不調に悩まされる

五感が鋭く、ほかの人が
あまり気にならないような刺激にも反応します。
それがきっかけで心身の調子が乱れ、
体調を崩すことがあります。

音、光、においなど気になることが多すぎる

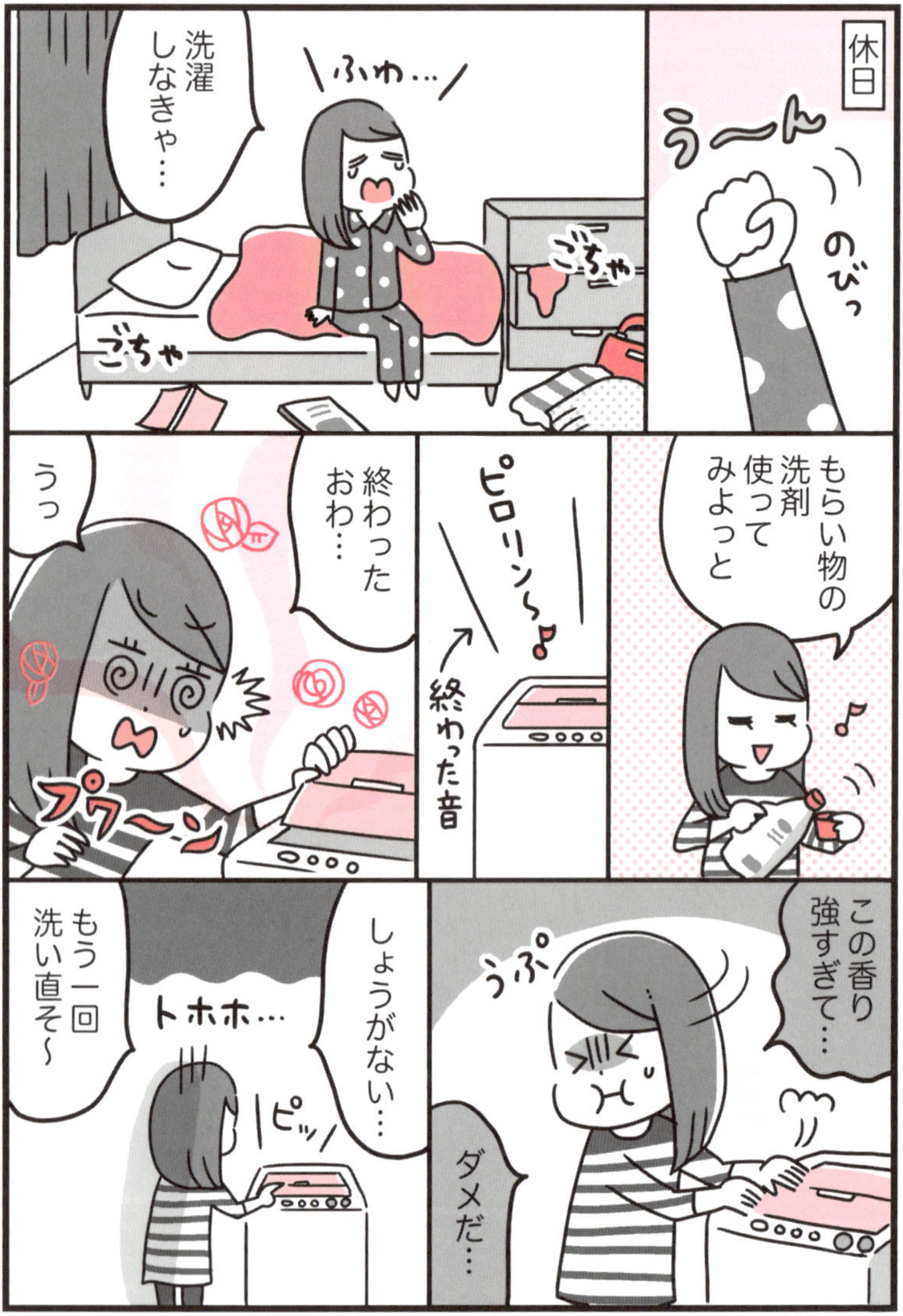

今週忙しくて疲れたし
フー
お昼寝でもしようかな～
バフッ
うと…うと…
隣の部屋の掃除機の音→
ゴーゴー
ピク
ドタバタ
↑足音
ワイワイ
↑外の声
ピクピク
……
ドタバタ
ゴーゴー
……
ワイワイ
音が気になって眠れない!!
わーん
ガバッ
目、覚めちゃった…

夕飯の買い物でもしようかな…
○○スーパー
スーパー
わっすごい混んでるな～
タイムセールです!!
キーン
わっ
ドドド
ドン
すごい音…
クラクラ
わっスミマセン
何かクタクタになった…
フー
疲れてきたからかな…
店内の照明もまぶしくてつらい…
チカ
チカ

ドサッ
つ…疲れたぁ〜
きゅ〜
←ノイズキャンセリングヘッドホン
フー
スー
ようやくリラックスできた…
あ〜やっぱりひとりが一番ラク…
お出かけ苦手…

乗り物がつらい

音、光、視線などが気になる

わずかな変化や異変に気づく能力があるゆえの苦労です。気にするなといわれても、それができません。

●〝いつもと違う〟ことによく気がつく

ほかの人よりも視覚や聴覚、嗅覚などの五感が敏感なので、光や音、においなどの刺激に過敏に反応します。いつもと違うなど、何か変化があるとすぐに気がつくのです。

多くの人は、何かに気づいても大して影響がないなら無視したり、適当に対処したりできます。電車の中で隣の人のイヤホンの音漏れが気になるなら、車内が空いていればさっさと別の場所に移動してしまえばよいのです。

ところが敏感な人は気づいたことを簡単に無視できず、かといって行動に移すこともできません。嫌なら別の場所に移動すればいいのに、相手に失礼かもしれないなどと気づかい、自分ががまんするはめになるのです。

また、神経が高ぶりやすいので、ささいなことでもドキドキします。何かの拍子にふと電車やバスの中で〝見られている〟と視線を感じ、動揺してしまうこともあります。

●乗り物に酔ってしまうこともある

揺れやにおいに敏感なので、子どものころ、乗り物に酔ったという人が多いようです。体調が悪いときには、大人になっても乗り物に酔ってしまうことがあります。座席の革のにおいが苦手でタクシーに弱いということも。

なかには、乗り物嫌いになる人もいます。

＊アクティブレスト　緊張が続くとわずかな刺激でも動揺するが、日ごろから緊張をほぐす習慣をつけたい。アクティブレストはリラックスのためにおすすめの方法（P196 参照）。

電車の中には、気になることがいっぱい

敏感な人にとって、電車やバスなどの公共交通機関に乗ると、気になることがたくさんあります。音や光などのわずかな刺激にも反応しがちです。

原因は敏感さ

神経が高ぶりやすいため、人の視線や話し声、におい、光などの刺激に敏感に反応する。

↓

気になることがいっぱいある

車内に差し込む光がまぶしすぎる、電車がカーブを曲がるときの音が耐え難くて耳をふさぐ、車内に大きな声で話している人たちがいる、隣の人の香水をきついにおいに感じる……。

←

体調に影響する

頭痛、乗り物酔いのほか、イライラやドキドキの原因になる。あるいは「音漏れしていますよ」などと声をかければよかったのかと悩むこともある。

友だちといっしょに乗っておしゃべりをしていたりすると、音や光などが気にならないことが多い。何かに熱中することが、一つの方法かもしれない。

アドバイス　過敏な人は住環境にも注意したい。交通量の多い道路や駅の近くなど、たえず騒音があるような場所は避けたほうがよい。においにも敏感なので、道路の近くは排ガスの心配もある。

人混みがつらい

劇場や映画館、デパートなども苦手

“人疲れ”は誰にでもありますが、過敏だと特に疲労度が強く、体調を崩す人もいます。

●混雑に比例して疲労度が増す

劇場や映画館、デパート、サッカーなどスポーツの試合会場のように大勢の人が集まる場所は、混雑のぶんだけ刺激も増えます。騒音や人いきれ、におい、混雑による人との接触など、不快なことが多く、五感が敏感な人にとって苦手な要素にあふれています。こうした刺激を一度に大量に受けると、その影響で心身ともに疲れます。なかには自律神経のバランスが乱れて、体調が悪くなる人もいます。

自分にとって楽しいイベントでも刺激を受けると疲れてしまうため、過敏な人はなるべくそうした場所へ行かないようにします。

しかし、避けてばかりでは自分の楽しみも減ってしまいます。

●自分なりの〝お守り〟を決める

人混みなど苦手な場所に出かけるとき、〝お守り〟を用意するのもひとつの手です。ネックレスでも指輪でも何でもかまいません。疲れたり不安になりそうなとき、お守りに触れるようにします。そして、自分に言い聞かせるように〝私は大丈夫〟などと唱えます。

お守りに触れ、自己暗示をかけることで気持ちを落ち着かせ、気分を切り替えるようにするのです。信じることはストレスを軽減するのにも役立ちます。

アドバイス　過敏な人は映画やドラマのジャンルにも気をつけたほうがよい。激しいアクションや暴力シーンのある映画は刺激が強すぎて疲れやすく、体調が悪くなることがある。

“こうすれば大丈夫”というお守りをつくる

神社やお寺のお守りでも

霊験あらたかな神社やお寺のお守りをもつのは悪くない。守られているという安心感を得られる。

ネックレスや指輪などに触れる

お守りになるものをもつだけでなく、触れる、指輪を回すなどの行動をしてもよい。自分が好きなしぐさなら何でもよいので、これをすれば大丈夫という行動を決めておく。

決めた言葉を唱える

お守り行動といっしょに、決めた言葉をくり返し唱えるのもよい。“私は大丈夫！”、“私ならできる！”、“心配ない！”などポジティブな言葉がよい。この言葉も決めておこう。

自分が守られているという自己暗示をかける

お守りをもつと、自分が守られていると自己暗示をかけることができる。自己暗示を侮ることなかれ。効果は意外に大きく、安心感や自信が得られる。

HELP! 疲れやすいことを理解してもらう

　過敏な人は疲れやすいのですが、虚弱体質やわがままな人のように思われがちです。そうした目で見られることもまた、自分の強いストレスになるでしょう。

　ところが体調の悪さをおしてまで無理をしがちなので、直近の上司や部署内の同僚には自分の気質を説明しておいたほうがよいでしょう。

アドバイス　過敏な人のなかには、人に触られるのが嫌いなタイプもいる。親しい間柄でもベタベタするのはいやなど。相手には感覚が過敏であることを伝えておくとよい。

好き嫌いが多い

食べ物や食べ方に気をつかってしまう

においや味に敏感なので食べ物の好き嫌いがあり、カフェインに弱いです。

●嫌いなものや苦手なものがある

味やにおいに敏感といえば、食べ物の好き嫌いが多いのもうなずけます。ＨＳＰの自己チェックテストにも項目があります。

以前は苦手な食べ物があるのはいけないことというしつけがされていて、子どものころに泣きながら食べたという人もいるでしょう。今では好き嫌いがあることを否定されませんが、嫌いなものを食べないことで、不足する栄養がないよう気をつければいいでしょう。

カフェイン*に過敏に反応する人もいます。コーヒーなどを飲むタイミングや量によっては刺激が強すぎて、動悸《どうき》や息切れが起こることさえあります。不眠になる人も多くいます。

●自律神経の働きに影響が出やすい

過敏な人がカフェインに弱いのは自律神経と関係しています。過敏な人は自律神経のバランスが乱れやすい傾向がありますが、カフェインは自律神経のうちの交感神経を緊張させる働きがあるからです。

食後に少量を飲む、カフェインの摂取量を減らす、不眠がある人は午後は飲まないなどの工夫をするとよいでしょう。

自律神経のバランスが乱れると腸の働きに影響します。下痢や便秘になりやすいのも、過敏な人の悩みのひとつです。

*カフェイン　100㎖あたり、コーヒーはレギュラー、インスタントとも約 60㎎、煎茶が約 20㎎、紅茶は約 30㎎のカフェインが含まれる。コーラやチョコレートにも多いので、表示を確認する習慣をつける。

下痢や便秘になりやすい

わずかな刺激も敏感に察知すると、常にストレスを感じることになります。そうした状態が続いていると自律神経のバランスが乱れてしまいます。

なんかおなかの具合が悪い

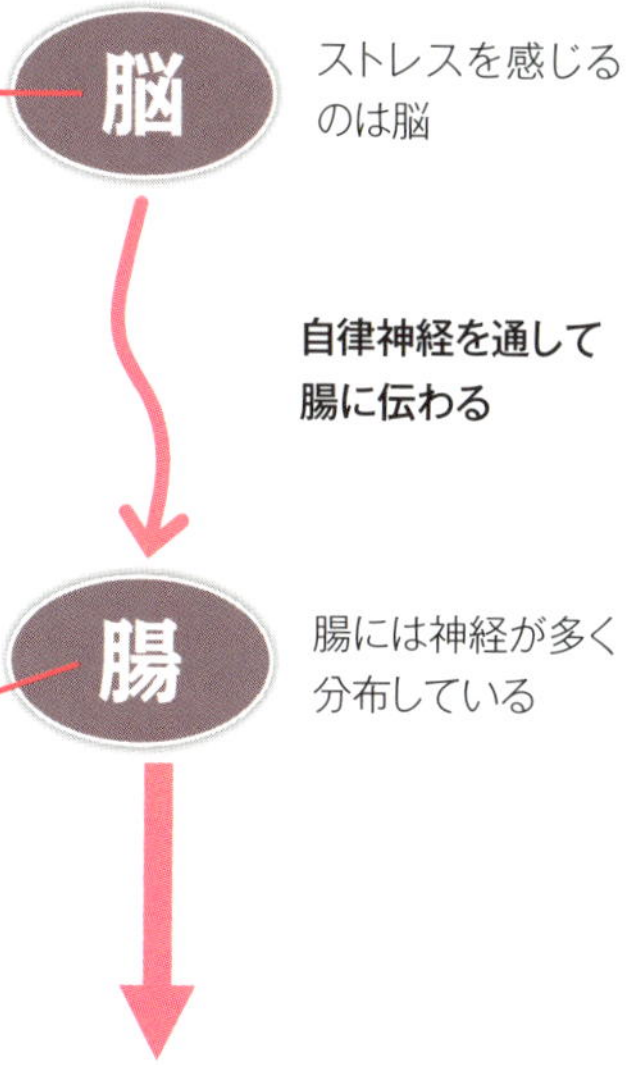
脳
ストレスを感じるのは脳
自律神経を通して腸に伝わる
腸
腸には神経が多く分布している

ストレスによって腸の具合が悪くなることがある。

自律神経失調症

自律神経は交感神経と副交感神経の2つがバランスをとりながら働いている。このバランスが乱れると、頭痛、めまい、動悸、手のしびれ、肩こりなど人によってさまざまな症状が現れる。胃腸に影響が出ることも多い。

過敏性腸症候群

腸の知覚過敏と考えられている。ストレスが原因で、急激に下痢を起こしたり、便秘が続いたり、下痢と便秘を交互にくり返したりする。自律神経の乱れが原因のこともある。

プラスα ストレスと胃腸の働きには密接な関係がある。ストレスで胃が痛くなることは多い。さらに強いストレスでは胃・十二指腸潰瘍になることもある。

空腹に弱い

おなかが空くと落ち着かなくなる

●もともと自分の体の反応にも敏感

おなかが空くとイライラしたり、機嫌が悪くなったりするのは誰にでもあること。空腹でおなかがグーッと鳴るのは脳のエネルギー切れのサインですから、食事でエネルギー補給をしたほうがよいのは過敏な人に限ったことではありません。しかし、過敏さがあると特に空腹に弱い傾向があることを知っておきましょう。空腹を感じるとソワソワして落ち着かなくなり、集中力が途切れてしまうのです。

周囲の刺激に敏感な人は、自分の体の中で起こっている反応にも同じようにデリケートに影響されます。

●自分が落ち着く環境で食事をとる

仕事や勉強に集中するには、食事できちんとエネルギーを補給するしかありません。空腹になりすぎる前に、できるだけ決まった時間に食事をとるようにしてください。

ただし、過敏さのために落ち着かない環境だと食事が進まない人もいます。

社員食堂や行列ができるような人気店など、大勢の人でざわついた場所で、時間を気にしながら食事をするのは苦手な人が多いのです。

値段（社食）や味（人気店）を重視して無理をするより、自分が落ち着いて食事ができることを優先しましょう。

規則正しい時間に食事をとるようにすると、おなかが空きすぎるのを予防でき、体調管理もしやすくなります。

アドバイス　空腹でおなかが鳴るのは生理的な現象だが、ひどく気にする人がいる。会議中、接客中などでおなかが鳴るのに耐えられないなら、アメやチョコレートなどをパッと口に入れてから臨めばいい。

過敏さがある人は食事が大切

敏感さゆえに心身ともに疲れやすい

神経が高ぶりやすく、周囲の刺激に敏感に反応すると、そのぶんエネルギーも消耗して疲れやすい。

→

空腹になると気分が落ち着かなくなる

自分の体の変化にも敏感なので、おなかが空くと落ち着かなくなる。集中力が途切れ、仕事や勉強が手につかない。気分が悪くなる人もいる。

↓

ミスが心配でますます緊張する

仕事などのミスが怖いので、より緊張する。そのため、さらにエネルギーを消耗して空腹度が増す。

↓

さらに疲労困《こん》憊《ぱい》になる

エネルギー不足に加え、無理して働くと心身ともに疲労のピークに。休憩もかねて、規則正しい時間に食事をとることを心がける。

これはNG!

忙しくても食事を抜くのはダメ

周囲の期待に応えようとして無理をする。食事を抜いてまで仕事をがんばろうとする人もいるが、空腹だとミスをしやすくなるうえ、もちろん健康のためにもよくない。

アドバイス

“ぼっちメシ”でも落ち着くならOK

公園のベンチなどでひとりでお弁当を食べているさまは、他人からみたら“ぼっちメシで寂しそう”などと思われがちです。

仲よしのランチ友だちがいて楽しく食事できるのならよいのですが、そうでないなら落ち着いて食事ができる環境を優先しましょう。きちんと食べて、体調管理するほうが大切です。

プラスα　過敏な人のなかにはジャンクフードが苦手な人もいる。においや食感が人工的だと感じたり、体によくないのではないかという不安感から、食べることへの抵抗感をもってしまうようだ。

不眠に悩む

寝つきが悪く、ぐっすり眠れない

十分な睡眠がとれていないと、心に余裕がなくなり、不安感が強くなります。

●ささいなことで眠りが妨げられる

敏感さや神経の高ぶりやすさは、睡眠に大きく影響します。いざ眠ろうとしてベッドに入っても、ちょっとした音や光、微振動などが気になって寝つきが悪くなるからです。また、あれこれ考え込んで、クヨクヨ悩んでいるうちに眠れなくなることもあります。

ようやく寝ついても眠りが浅く、わずかな刺激で目を覚ますことも多いのです。

過敏な人の場合、日中の緊張や不安を夜になっても引きずっており、寝つきの悪さや熟睡の妨げになっているのです。そのうえ、早く寝なければとあせってしまうと眠気がますます遠のいて眠れなくなります。

夜ぐっすり眠れないと、当然ながら朝の目覚めもよくありません。疲れが抜けきらず、体がだるいままの状態で一日が始まるのです。過敏な人には遅刻が多いのですが、極端に寝起きが悪いことが関係している場合もあります。

●睡眠不足が悪循環を生む

こうした慢性的な睡眠不足は「**睡眠負債***」となり、疲労を蓄積させます。何より十分な睡眠がとれていないと気持ちに余裕がなくなって、不安感が強くなる原因にもなります。すると、ますます神経が高ぶって、夜の眠りを妨げることになってしまいます。

*睡眠負債　スタンフォード大学の研究によって提唱された概念。1日あたりの不足はわずかでも、慢性的な睡眠不足がまるで借金のように積み重なり、生活の質を低下させたり、病気のリスクを高めたりする。

自分の内外からの刺激で不眠になる

外からの刺激

音
ほかの部屋や外からの音が壁越しに聞こえてきて、それが気になってしまう。

光
室内の電気を消しても、隣の部屋や外からの灯りが入ってくる。

振動
家電製品のかすかな振動のほか、外を走る車や電車による建物の振動、風が吹くことによる窓の振動も気になる。

疲れやすいほうだとわかっているので、眠れないと体に悪いことをしていると心配になり、その不安からますます眠れなくなる。

こうするとラクになる!

リラックスして眠れるように環境を整えましょう

充分な睡眠を確保するには、遮光カーテンやアイマスク、防音のための耳栓などを用意し、静かに安らげる環境を整えます。

➡ P168

内からの刺激

ストレス
悩み
不安
など

人間関係の悩み、勉強や仕事のプレッシャーなどが気になってしまう。

アドバイス 眠れないとき、早く寝なければと焦って早めにベッドに入るのは逆効果。「眠れなかったらどうしよう」という焦りからますます眠れなくなる。眠れないことを極端に怖がらないようにするとよい。

体の具合が悪いのではと気になる

“異常なし”でも不安になる

毎日多くの刺激を受ける過敏な人は、心身ともに疲れやすい傾向があります。完璧にやろうとして無理をしたり、ストレスから自律神経の調子を崩したりして具合が悪くなることが少なくありません。体調不良があるときは無理をしているぞという危険信号。敏感にキャッチして、休むことがいちばんです。

ところが、体調の悪さを疲れではなく、どこかに病気が隠れているのではないかと心配するのも、過敏な人の考え方のクセです。そこで、病院やクリニックに行って検査を受けるのですが、「異常なし」と言われても納得できなかったりします。

現代の医学は進んでいます。検査で異常なしとわかったら、それを信じて、あまり気にしすぎないようにしましょう。

体からのメッセージを受け止めて

82ページでも述べたように、ストレスが体に現れることがあります。これを「**身体化**」といい、ストレスの身体化は、過敏な人の特徴のひとつでもあります。

しかし、そんな自分を「どうしてこんなに弱いんだ」と責めるのはやめましょう。身体化は体の防衛本能です。疲れそうな予兆を感じたら、早めに休みましょう。

心身ともに疲れやすいので、ふだんから体調管理を心がけて。具合が悪いときは無理をしないことです。

＊心気症　体調を気にしすぎて、あれこれ自覚症状を訴え、重大な病気にかかっていると思い込む状態。検査で異常がないと診断されても安心できず、何度も受診をくり返す。

誰かと話すだけで不調が消えることも

ふだんから無理をしがち

周囲の人に気をつかい、自分はがまんして無理をしていることが多い。もともと疲れやすいので、こうした無理が重なると不調につながる。

心の痛みが身体症状に

心の痛みが強いストレスとなって、自律神経やホルモンのバランスに影響し、体の症状として出てくることがある。

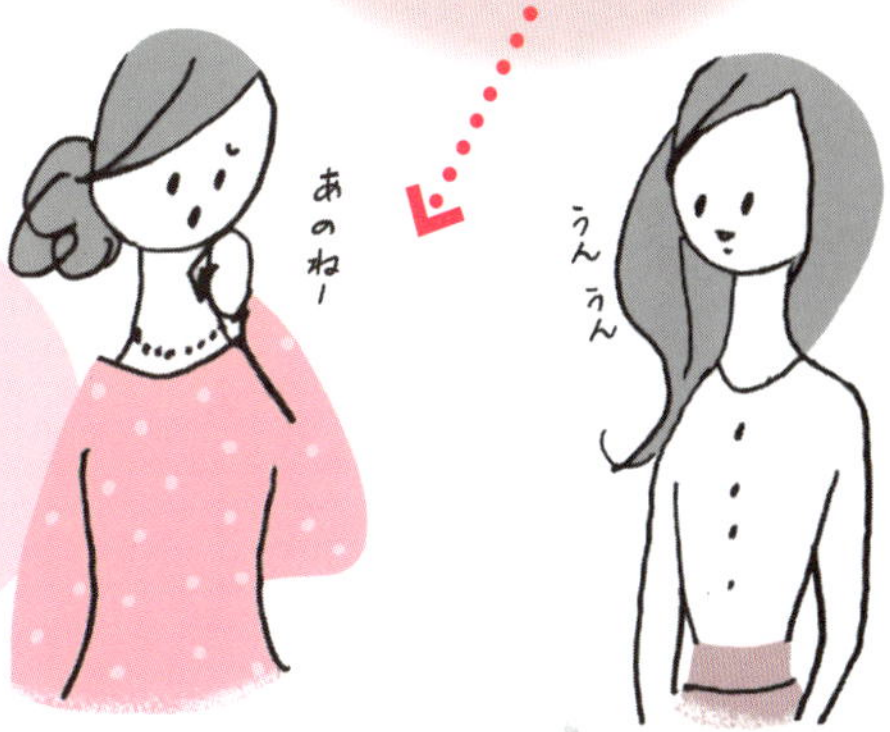

不調や心配事を誰かに打ち明ける

ストレスがたまっていると感じたら、誰かに話を聞いてもらう。気持ちを吐き出すだけでラクになることもある。

アドバイス

職場では休憩センサーに

無理をしがちで疲れも人一倍たまりやすいのが、過敏な人。しかし周囲の様子をみると休みにくいこともあります。そんなとき、自分から「そろそろ休みませんか」と言ってみましょう。みんなが疲れる前に、休憩のセンサーを発する役目だと思えばいいのでは？　周囲の人に気をつかえる気質だからできること。みんないっしょなら休みやすくなります。

リラックスできるならアロマやマッサージも効果的

ストレス解消には、リラックス効果の高いアロマやマッサージもおすすめ。ただし、香りに敏感だったり、体に触れられることが苦手だったりする人もいるので、自分の好みのものを見つけて試してみるとよい。

プラスα　周囲の誰かに同調して体調不良になることもある。風邪をひいた、おなかが痛いといった人がいると、敏感にキャッチして自分のことのように受け止めてしまうため。

病は気から

自分は〝うつ病〟かと心配になることも

過敏さとうつ病を混同しやすい

過敏な人は「気分が落ち込む」「疲れやすい」などの自覚症状があるため、〝うつ病〟ではないかと心配になることがあります。

アーロン博士の著書が発刊されるまでHSPという概念がなかったこともあり、過敏な人の落ち込みをうつ病と誤解される場合は少なくありませんでした。

うつ病のような心の病気は、内科や外科などと違い、血液検査やX線などの画像診断はできません。自覚症状と、周囲から見た症状が診断の大きな決め手になります。

たしかに、本人に尋ねても、「自信がない」「私が悪い」「眠れない」と訴えるし、周囲から見ると、表情が暗い、ため息ばかりついているなど、うつ病との区別はとても難しいのです。

区別の決め手は「いつからか」

研究が進み、過敏な人の落ち込みとうつ病との違いが明らかになってきました。両者を区別するポイントは、その様子がいつからか、ということ。うつ病は心の病気ですから後天的なものです。以前は明るかったのに最近暗いとしたら、うつ病の可能性が高くなります。自殺願望があることも、重要な手がかりです。

一方、過敏さは生まれつきですから、最近の変化でなければ、うつ病ではないでしょう。

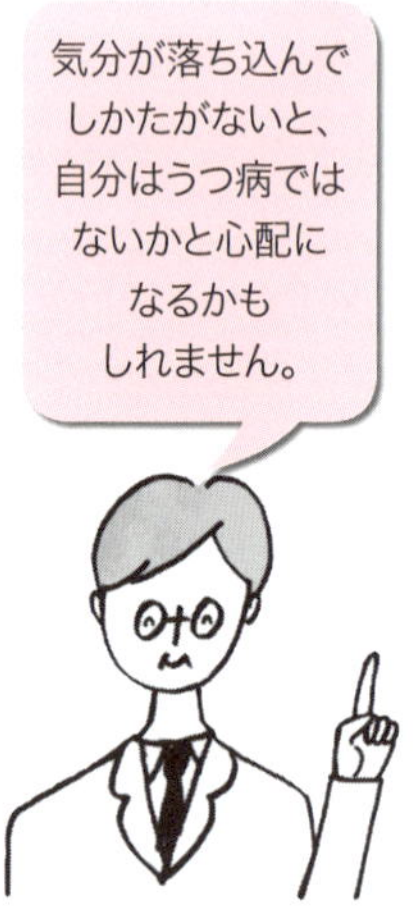
気分が落ち込んでしかたがないと、自分はうつ病ではないかと心配になるかもしれません。

＊うつ病の治療　抗うつ薬を中心とした薬物療法、カウンセリングなどの精神療法を組み合わせて治療していく。病院の精神科や心療クリニックなどを受診する。

過敏？　うつ病？

過敏さとうつ病は外見的に似ていますが、いくつかの違いがあります。

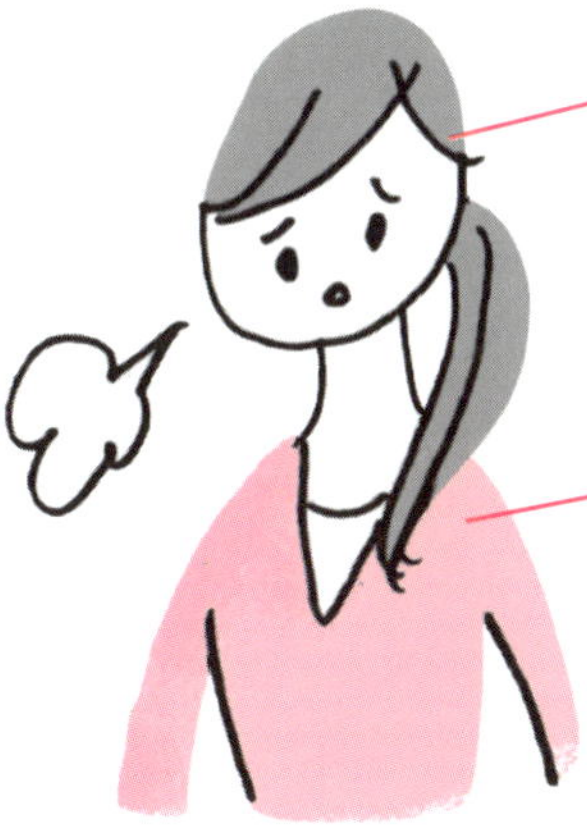

混同しやすいのは

本人が訴える気分……自信がない、疲れやすい、悲しい、やる気が起きないなど。

周囲から見た様子……暗い、元気がない、眠れないようだなど。

違うのは

過敏な人……以前から同じような様子が見られた。

うつ病……最近そのような様子になった。死にたいなどと言う（自殺願望がある）。

うつ病の自己チェック

下記の項目に5つ以上あてはまり、ほとんど毎日ある場合は、うつ病の可能性が高くなります。もしもうつ病だと思ったら、なるべく早く専門的な治療を受けてください。

① 抑うつ気分がある
② 興味や喜びを感じられない
③ 食欲が低下し、体重が急激に減った（1ヵ月で5%以上の減少）。または反対に、食欲が異常に旺盛で体重が増えた
④ 不眠。または反対に、いくら寝ても寝たりない感じがある
⑤ 強い焦燥感がある
⑥ 疲労感が強く、何も手につかない
⑦ 自分は価値のない人間で、存在自体が申し訳ないと思う
⑧ 思考力や集中力が低下している
⑨ 死について考えている。自殺を考える

プラスα　典型的なうつ病ではない「非定型うつ病」もうつ病の一種。過眠、過食、気分反応性（好きなことはできる）、鉛様マヒ（体が鉛のように重い）が特徴的な症状。若い女性に増えている。

コラム

心が折れそうなときには レモンを食べるといい

「抗ストレスホルモン」という名称を聞いたことがありますか。ストレスを受けたとき、人間の体は、ストレスを消そうとして、副腎という臓器からホルモンを分泌します。これが抗ストレスホルモンです。

副腎で抗ストレスホルモンをつくるとき、ビタミンCを大量に使います。つまり、ストレスを受けるとビタミンCが不足しがちになるわけです。

もともとストレスに強い人と弱い人がいますが、敏感な人はストレスに弱いので、ビタミンCをたっぷりとって、ストレスへの心の抵抗力をつけましょう。ビタミンCといえばレモンが代表。そのほか、いちご、キウイ、イモ類のほか、ブロッコリにも多く含まれています。

レモンの酸味で気分がすっきり。心地よい刺激で元気になれるはず。

第4章

考えすぎて人づきあいがうまくいかない

敏感で繊細なので、
最も頭を悩ませるのが人づきあいです。
相手のことを考えすぎるあまり、
ぎこちなくなったり、まごついたりします。

誰にも本音を話せず、気疲れしてしまう

周りに合わせてがんばってすごく疲れ果てた…
チーー
残りエネルギー
会社員になっても
私Aランチ!
私も!
～今日のランチ～
Aランチ カレーピラフ
Bランチ エビフライ定食
同期
わ、私もA
ホントはBがいいな～
エビフライ…
相変わらず人に合わせちゃう
よし、打ち上げ行こー!!
ヒロコさんもいくよね?
飲み会は苦手なのに…
は、はい
断れないよー
ワイワイ ワイ
……
ガヤガヤ
アハハ
あーあ 私なんでここにいるんだろ
チビ
チビ

もちろん
楽しいときだって
あるけど
バタン
301
ヨロヨロ
つ、
疲れた～
うと…
はっ
せめて
メイク
落とさなきゃ…
ぐぐ
あと…
服も
着替え…な…きゃ…
パタン
ぐぅ

いつも
どこにいても
自分だけ
場違いな
気がする
いつも「おとなしい人」
「いい人」って
言われるけど
いい人
おとなしい人
それって
ただ本音を
出せないだけ
朝
チチチ
ボー‥
う～
またメイクも
落とさず寝ちゃった～
は～～～
自己嫌悪…
私って
ダメだな～

人見知り

初対面では、どう接すればいいかと焦《あせ》る

●相手の緊張までも察してしまう

過敏な人はそもそも人づきあいがあまり得意ではないうえ、相手が初対面となるとさらに緊張してしまいます。そのせいで言葉に詰まったり、動作がぎこちなくなったりします。

しかも相手の表情やしぐさを読み取るのが得意なうえ、相手の気分に同調してしまいます。誰でも初対面では多少緊張するものですから、その気分を過剰に感じて、**自分まで相手と似たような気分になってしまうのです。**

逆に相手がリラックスしていると、こちらも緊張がほぐれやすくなるのですが、相手しだいなのでこればかりはあてにできません。

●緊張するのは恥ずかしいことではない

初対面の人との面会は、仕事をしているとよくあることです。**少しずつ慣れていくものなので、あまり焦って思い詰めないようにするほうがいいでしょう。**

また、緊張することは恥でも何でもありません。程度の差こそあれ、誰にでもあることです。むしろ、相手のことを尊重しているからこそ緊張するのです。無理に克服する必要もない、普通のことです。

ひょっとしたら相手も似た者同士かもしれません。会う前からあれこれ考えすぎないようにしましょう。

初対面で緊張するのは当たり前のこと。「緊張しています」と、素直に伝えるとラクになります。

アドバイス　会話の途中で話がとぎれて、お互いに黙ってしまうことがある。沈黙じたいは気にしなくていい。相手が返答に困っているようなら、ガラリと話題を変えるのもテ。

“人見知りです”と最初に告げておく

**まごまごと
緊張が続くと、
お互いに不安が
高まる**

まごついて挙動不審な態度をとったり、極度に緊張していたりすると、その様子を見ている相手も訝《いぶか》しがって緊張することがある。

**さらに困惑して
フリーズしやすい**

相手に訝しく思われていると感じると、ますます緊張して固まってしまう。相手は話しづらくなることも。

最初に告げておくと…

**相手の
緊張がほぐれれば、
不安が軽減する**

こちらから「人見知りなので、緊張しています」などと最初に告げておくと、相手は納得する。相手の緊張がほぐれれば、自分も過度に緊張しなくてすむのでお互いリラックスできる。

アドバイス

目を見ることができないなら

話すときに緊張して相手の目を見ることが苦痛という人がいる。相手の鼻の頭、目と目の間、ネクタイなど、目ではなく目の近くを見るといい。相手は目を見られていると感じる。

緊張して頭が真っ白になりそうなら

後で相手の名前を忘れてしまうこともある。初対面のときから、会話のなかに、「○○さんは」と相手の名前を入れよう。

＊赤面症　人前に出ると緊張して頬や顔全体、耳や首筋などが赤くなるのを過度に気にする。自分でも気にしているのに、他人に指摘されて、ますます悪化することが多い。

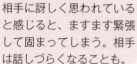

誘うのが怖い

相手のことを考えすぎて気軽に誘えない

●相手の都合や気持ちを考えすぎる

相手のことを優先し、思いやる点は敏感な人の長所なのですが、何かあるとすぐに自分を責めたり、自分が諦《あきら》めたりする心のクセがあります。〝私なんかに誘われても迷惑なはず〟というように自己評価や自己肯定感が乏しいと、特にこうした傾向が強くなるのです。

そうやってがまんばかりして自分を抑えるのはよくありません。誰かを誘って食事に行きたい、遊びに行きたいと思ったら、その気持ちを優先するのです。過敏な人は感じ方のクセで思い込んでいることが多いので、視点を変えてみるとよいでしょう（左記参照）。

●断られても〝自分がダメ〟なのではない

誘ってみて、もし断られたら恥ずかしくて、つらいと感じるはずです。そして、自分は嫌われているとか、私がダメだから断られたのだと思うかもしれません。

しかし、こんなふうに誘いを断られたくらいで、自分を全否定するのは考え方の悪いクセです。また、一度くらい誘いを断られても、それでおしまいではありませんし、恥ずかしいことでも何でもありません。

諦めたくなければ、時間をおいてまた誘ってみましょう。それでも断られたら、気持ちを切り替えればよいのです。

自分の気持ちに
素直に従って
みましょう。もし、
断られても
それで終わりでは
ありません。

アドバイス　断られたら、「また誘いますね」と伝えて、数日後に再度誘うとよい。相手も2回目の誘いを断るのはハードルが高く、応じてくれる可能性が高まる。

視点を変えて考えてみよう

自分が誘ってもらったときどう思ったか

友だちや知り合いに食事や遊びに誘われたとき、自分がどう感じたかを思い浮かべてみる。また、どんな相手に誘われたら、自分はいやだと思うかも考えてみる。

→

迷惑に思ったりするか?

堅苦しい仕事のつきあいならともかく、友だちや同僚に誘われたとき、自分はそれを迷惑なことだとは思わないはず。

↓

相手も同じだと考えよう

自分が迷惑だと思わないなら、相手も同じなのではないかと考えてみよう。

感じ方のクセがある

自分なんかが誘ったら迷惑だと思い込むのは、感じ方のクセ。自己評価が低く、自分を過小評価しているためではないか?

直接誘うのが不安ならメールやSNSで

直接会って誘うと緊張するなら、メールやSNSを活用する。ただ、どうしても応じてほしいときは直接会ったほうが気持ちも伝わりやすい。

こうするとラクになる!

断られたら切り替えてさっぱりあっさり忘れましょう!

断られるのは誰にでもあること。自分が嫌われていると決めつけるのはNG。できることをやってもダメなら、さっと気持ちを切り替えることも大切です。

➡ P148～149

アドバイス 例えば、「映画と水族館とではどちらがいいですか?」というように二者択一で誘うと、相手に応じてもらいやすくなる。この誘い方はある程度仲よくなってから使うと効果的。

断るのはもっと怖い

NOを言うより無理につきあうほうがマシ

自分の本音を隠して、自分に無理強いばかりしていると心身ともに疲れ切ってしまいます。

●ひとりで苦労を抱えすぎる

繊細な人は、根がまじめで良心的なことが多く、誰かの役に立てるなら自分ががまんをしようと考えてしまいがちです。

また、人から何か頼まれたとき、考え込むクセがあるのでサッと即答できません。押しの強い相手だと、まごまごしているうちにちゃっかり仕事を押しつけられてしまいます。

自己主張をするのも苦手なので、今は自分の仕事で手一杯で無理なときでも断り切れません。断って相手に嫌われたらどうしようとか、役立たずだと思われたくなくてズルズルと引き受けるハメになってしまうのです。

●完璧主義や白黒思考も影響する

完璧主義や白黒思考といった考え方のクセも影響しています。〝仕事なのだから断らずにやるべきだ〟とか〝全部こなさなければダメだ〟と決めつけていませんか。しかし、こんなふうにいつも自分を追い詰めると、やがて無理がたたって心も体も疲れはててしまいます。

考え方としては、〝断る〟のではなく、〝交渉する〟ととらえるとよいでしょう。単に「できません」と断るのではなく、相手の要望を聞きつつ、自分の希望も伝えるのです。

また、断らないほうが迷惑をかけることがある可能性も考えてみます。

*論理の飛躍　過敏な人に多い考え方のクセで、論理的な根拠もないのに飛躍して結論づけること。仕事を断ったらダメな人間だと思われる、飲み会の誘いを断ったらみんなに嫌われるなどと考えてしまう。

断れずに、あれもこれも引き受ける

資料作り、
手伝って
くれる？
コピーを
頼む！急いで！

明日の飲み会
来るよね？

仕事も飲み会の誘いも上手に断れない

空気を読んで、自分さえがんばればとか、自分ががまんすればいいと思いがち。そのため、本音を押し殺し、引き受けてしまう。

↓

無理をして疲れ切ってしまう

心身ともに疲れるだけでなく、自分の生活、ひいては自分の人生までも他人に捧げることになりかねない。

こうすると
ラクになる！

断るときのテクニック YES・BUT法

断るときは、相手をいったん立ててから、できない理由を言うと角が立ちません。「お忙しそうで大変ですね。お手伝いしたいと思います。でもごめんなさい。私も明日までの仕事があって」という具合です。さらに、ＹＥＳとＢＵＴの間に「すみませんが」「残念ですが」などの“クッション言葉”をはさむと、相手を傷つけないですむでしょう。

アドバイス 何か頼まれたときは二つ返事で了承するのではなく交渉を。“今は自分の仕事があるので半分ならできます”“明日まで時間がもらえるなら大丈夫です”など、双方で落としどころを決める。

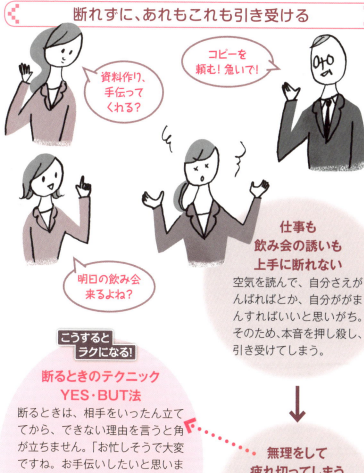

ケース
スタディ

飲み会のお誘いの上手な断り方

最近では、職場での飲み会にはできるだけ参加しない主義の人や、出るなら残業代を支払ってほしいなどと主張する人が増えているようで、以前のように仕事の延長なのだから絶対出席しなければダメだという風潮は薄れてきています。

とはいえ、職場での人間関係をスムーズに保つには毎回出席を拒むのは避けたいところ。むしろ気をつかいすぎる人は、飲み会を断り切れずに無理してつきあうパターンのほうが多いはず。そして、あれこれ気をつかいすぎて家に帰ってからグッタリ倒れ込むことがほとんどでしょう。

敏感な人の多くが頭を悩ませているのが、飲み会の上手な断り方です。誘われてもとっさに返事できず、ズルズルと参加するはめになって後悔してしまうのです。そこで、断り方のパターンをいくつか考えておくことをおすすめします。

その1

急なお誘いなら都合が悪いと伝える

当日の急な誘いなら比較的断りやすい。「今日はちょっと用事があって」などと、先約があることを伝えればOK。

断るときは、「また誘ってください」と伝えれば、相手の印象も悪くなりにくい。

その2

メールで返信すると伝えて返事を保留

面と向かって断るのが苦手なので、数日先の予定ならメールで返事をすると伝える。「予定を確認してからメールします」と答えて、その場での返事を保留にするとよい。

メールやSNSなどのほうが断りやすいので、上手に活用する。

その3

3回に1回くらいの割合で参加してみる

気疲れ、人疲れしやすいので飲み会はできるだけ避けたい人が多い。ただ、毎回参加しないのも人間関係に影響する。3回に1回くらいの頻度で参加すればよい。

「先約があって」または「ちょっと風邪気味なので」と上手に方便を。

大人数が苦手

集団で浮かないように気を張り詰める

●集団にうまくとけ込めない

内向的で過敏さがある人は、たくさんの人と会話を楽しんだり、大人数の中で場の雰囲気にとけ込んだりするのが得意ではありません。一度に多くの人から刺激を受け、あちこちに気を配ろうとして混乱しやすいからです。

特に初対面の人が多いと、その傾向が強くなります。緊張で神経がさらに高ぶって頭が真っ白になり、何を話してよいのかわからなくなってしまいます。

そして気がつくと、いつもひとりだけポツンと取り残され、そんな自分のことをダメな人間だと卑下《ひげ》して落ち込んでしまうのです。

外向的な要素も備えた人ならこうした場面では社交的に振る舞い、それなりに楽しむこともできますが、そうでないととてもハードルが高いのです。

●無理に参加しないのもひとつの選択肢

過敏な人は、そもそも大人数とすごすのが苦手なので、無理をして出席したうえ、自分を責めて落ち込むのはおかしな話です。

仕事のつきあいなどでどうしても参加しなければならないときを除いて、欠席するのもひとつの方法です。

がんばって参加したときは、自分を責めないで、参加した自分をほめましょう。

大人数の
パーティや宴席で
疲れやすい人は、
途中で上手に
息抜きを
しましょう。

プラスα 外交的&内向的タイプは、パーティや宴会などでは明るく社交的に振る舞える。ただ、刺激にはやはり敏感で、実は心身ともに疲れてしまう。

“参加しただけでも十分”と考える

まず、出席・参加した自分を褒めよう

過敏な人は、何かと自己評価が低くなりやすいので、苦手なことにがんばって取り組む自分をほめる。出席しただけで100点満点なので、うまく会話できなくても自分を責めない。

不安なら話のネタを準備しておこう

前もって話題を準備しておくと安心。時事ネタでも映画や本の話でも、困ったときのための話題を用意しておくとよい。自分が得意なこと、好きなことなら緊張しても話しやすい。

こうすると
ラクになる!

疲れたら席を外しどこかで小休止しましょう

とても敏感なので、大勢の人の中にいると刺激過多で疲れてしまいます。適当なところで抜けて、ひとりになれる場所で休むようにします。「ちょっと酔い覚まししてきます」、「風に当たってきます」と言って抜け出せば大丈夫です。

アドバイス

人見知りだと思い込んでいるだけかも

敏感さは気質ですが、人見知りは気質ではありません。ところが混同しやすいものです。

過去に何か失敗したと感じて心が波立った経験を、「これは人見知りなんだ」と思い込んでしまうことがあります。それは残念なこと。自分で貼った人見知りというレッテルをはがしてみませんか。

プラスα　過敏さゆえ大人数が得意ではないが、気心の知れた友だちとなら楽しめる。ただ、心から楽しく遊んだ後でも、たくさんの刺激を受けるので家に帰るとグッタリしてしまう。

境界線の引き方

ほどよい距離がわからず、人に流される

自分のことのように受け止める

とても敏感な人は、人との距離のとり方が近すぎる傾向があります。

相手の気持ちを敏感に察知するため、無意識のうちに相手に同調しています。共感性の高さもあいまって、つい他人に流されていたり、自分を見失ったりすることも。職場の同僚や友人が風邪を引いた、おなかが痛いといった体調の悪ささえ、自分の痛みとして感じるほどです。

人の悪口やネガティブな発言でも同様です。話を聞いているだけなのに、話し手の感情に引きずられて自分もイライラしたり、いやな気分になったりする羽目に陥ります。

相手と自分の問題を切り離す

他人の気持ちによりそい、共感できるのはすばらしい長所ですが、これは境界線がもろいということです。

まじめで良心的なので、他人の問題まで「自分がなんとかしなくては」と思いがちですが、親身になるのと、他人の肩代わりをするのは別のこと。あまりに境界線がもろくなると、いずれは他人に自分の領域に踏み込まれる結果になり、苦しむことになります。

自分と自分以外の人との間には境界線があるのです。まず、自分は自分、人は人、という意識をもつようにしましょう。

相手を優先したり、過剰に同調したりするのをやめて、自分の気持ちに従うクセをつけます。

プラスα 相談をもちかけたほうは、単に話を聞いてもらいたいだけかも。しかし、気をつかう人は、何とかしようと奔走しがち。問題に踏み込むのは、相手からアドバイスを求められたときだけにしよう。

自分の考えや希望を伝える練習をする

境界線を強くするには、自分を強く意識することです。自分ならどう考えるか、どうしたいかを口にする練習をしましょう。

初めは小さなことからでよい

最初は同僚や友だちどうしの間で自分の意思を伝える練習をする。コーヒーと紅茶のどっちにするか、ランチに何を食べるかといった、ささいなことからでもよい。

少しずつ、より多くの人の前で実践する

相手が複数でも自分の意見や希望を伝えるように慣らしていく。「私は～だと思う」「私の考えでは～です」というように、自分を意識して発言する。

境界線をしっかり保つ練習をする

自分と他人との境界線は、“塀”ともいえる。この塀は、自分を守るためのもの。周囲で何かあったときや、誰かに相談事を持ち込まれたようなときには、自分の周りに塀があるとイメージしよう。

＊自分軸　自分の核となる信念や価値観のこと。自分軸を強く意識すると、ぶれない生き方ができる。自分ではなく、他人や世間の考えや価値観に流されるのは他人軸になっているため。

恋愛の傾向①

惚れっぽい一方、勘違いされやすい

●恋愛にも結婚にも慎重になる

敏感で繊細な人は、恋に落ちやすいといわれます。感情が高ぶりやすいため、緊張やドキドキを恋だと思い込んでしまうという説によります。いわゆる〝吊り橋効果*〟です。また、相手がさほど敏感なタイプでない場合、自分にはない外向的な面や社交性の高さに憧《あこが》れ、頼りにすることがあります。

恋愛においても相手に気をつかいすぎて本音を押し殺すところがあります。シャイで臆病なので、積極的にアプローチすることが苦手です。そのため、親密になりきれず、つらい思いをすることが少なくありません。恋愛を慎重に進めるタイプともいえるでしょう。

しかし、本気だと思ったら、自分の内向的な面や相手への過剰な気づかいは捨てましょう。一歩踏み出すことが幸せへの入り口です。

●思いやりやさしさが誤解を生む

敏感さは他人に共感しやすく、また表情やしぐさから相手が望むことを先読みできる力でもあります。そのため、人に尽くしていると、それを恋愛感情だと誤解されたり勘違いされたりすることがあります。

やさしさや良心的なところに安らぎを求める相手を無意識に引き寄せ、しかも相手に押し切られて交際することにもなりかねません。

はげしい恋に落ちやすいのですが、つきあっても本音が言えずに葛藤することが多いようです。

*吊り橋効果　グラグラと揺れる吊り橋を渡るときは不安や恐怖心で心臓がドキドキする。このとき、近くにいる人に対する気持ちを恋愛感情だと誤って思い込むこと。

好きな人にも本音を言えない

すぐに人を好きになってしまう敏感気質の人は、いざ恋愛関係になっても本音が言えずに苦しむことが多いようです。

相手に合わせて わがままを言えない

相手に気をつかう一方、自分に自信がないので、相手に合わせてしまう。わがままも言わず、自分の主張もしない。

神経質だと 思われたくない

デートで出かけたときなど、敏感なので光や音、においなどの刺激が強すぎるのが苦手なのに、相手に神経質だと思われたくなくてがまんをすることも。しかし、家に帰ってひとりになるとひどい疲れを感じる。

議論やケンカが苦手

自己主張するのが苦手なうえ、議論やケンカになっても言動を抑制し、ブレーキがかかってとっさに言葉が出なくなることが多い。

先読みをしすぎる

相手の気持ちを先読みしたり、深読みしたりして、それに合わせてしまう。

こうすると ラクになる!

本気の恋なら 敏感気質であることを伝えましょう

敏感さや繊細さは、隠さなければならないような弱点でも短所でもありません。本音を隠したままでは恋愛はうまくいきません。本当に好きな人には、自分がとても敏感であることを知ってもらうほうがいいでしょう。

プラスα 子どものころに愛情を十分に得られなかった人や自己評価や自己肯定感が低い人、また劣等感の強い人はその心の中の満たされない部分を埋めようとして恋愛に依存しやすい。

いつのまにか相手の言いなりになっている

●つきあううちに支配されている

敏感さや繊細さをもっていると相手の気持ちを読み取り、きめ細かく接します。また、共感性が高いので相手の気持ちに寄り添うことも難しくありません。自己主張やわがままもあまり言わないので、相手によってはそこにつけ込んで支配的になる人がいます。

そして、気がついたら相手の都合のいいように振り回され、心身ともすり減らして尽くしてしまっていることがあります。

敏感な人の恋愛がすべてこうしたパターンになるわけではありませんし、敏感な人に限った話でもありません。ただ、気をつけたい点であることは確かです。相手によっては共依存*の関係に陥って、別れたくても別れられないなどの問題が生じることもあります。

●自尊心の低さが恋愛に影響している

過敏な人だけではありませんが、自尊感情が極端に低い人がいます。自分はダメな人間だと思い込んでいるため、そんな自分のことを「好きだ」とか「愛している」と言ってくれるだけでうれしいと感じてしまうのです。

周りが見えなくなって、気づいたら相手の言いなりになっていることも。

自分の思いが偏っていないか、第三者の意見を聞く耳をもちたいものです。

あなたの繊細さ
や共感性の高さ
が心地よく、
相手が支配的に
なってしまうこと
があります。

＊共依存　自分が相手を支えなければと思い込み、そこに自分の存在価値を見いだしてしまうこと。例えば、DVで暴力を振るう相手から逃げずにいる場合は共依存が原因となっていることが多い。

友だちや第三者に客観的に判断してもらう

恋愛の場合、自分では客観的な判断をしづらくなります。信頼できる友だちに見守ってもらうとよいでしょう。

陥りやすい恋愛のパターン

敏感な人は、すぐに人を好きになったり、気のない相手にも勘違いされたりしがち。また、つきあってからも相手の言いなりになりやすい。一方的なパターンに陥りやすいといえる。

自分のことは客観的に見られない

恋愛中は自分で自分の状況を冷静に判断できないことが多い。

そこで、第三者の視点で見てもらう

冷静に客観的な判断をするには、自分以外の人の目が必要。信頼できる友だちや第三者に頼んで話を聞いてもらうとよい。

●プチコラム

敏感な人どうしの恋はうまくいきやすい

どちらも敏感なタイプの恋愛は、お互いの気質をわかりあえるので、非常にラクでうまくいきやすいでしょう。苦手なことも好きなことも、そしてひとりの時間が必要なことも、相手にいちいち説明する手間もありません。

互いに気持ちが通じあう相手がいたら、とてもラッキーなことかもしれません。

敏感さを理解してくれる人はきっといる。時間がかかっても、心から安らげる人を見つけよう。

プラスα とても敏感な人は、合コンや婚活に参加しても、なかなかうまくいかないことが多い。惚れっぽいのに軽い気持ちでつきあいはじめられず、慎重に見極めようとするから。

孤独感①

誰も自分の気持ちをわかってくれない

“素の自分”をさらけ出せない

敏感で繊細な人は、周囲に気をつかって相手の立場に立てるので、友だちもさぞや多いだろうと思われがちですが、じつは友だち関係が苦手な傾向があります。良心的で相手に共感できる反面、内向的、臆病、人前で話すのが苦手という特徴ももっているからです。

自分が感じる不安や悩みを人に理解してもらえないということもあります。こんなに気にする自分はおかしいのかと自分自身をいぶかり、本音が言えなくなってきます。

言うことを言えず素の自分をさらけ出せないと、なかなか友だち関係はうまくいきません。

ガードしすぎて孤立する

敏感に空気を読みすぎるせいで、数人でおしゃべりしていても心から楽しめず、周囲から浮いているような気がして、しだいに孤独感が強くなっていきます。

過敏な人は、過去の経験と照らし合わせ、自分の言動にブレーキをかける傾向があるようです。不安や緊張が強いので、自分の欲求どおりの行動をするのが怖いのでしょう。

自分の身を守ろうとガードがかたくなりすぎて、自分の本音を誰かに伝えたり、本当にやりたいことをやめたりしがちです。それがますます孤独を深めることになるのです。

自分の殻に
閉じこもると、
いつまでたっても
孤独のループから
抜け出せなく
なります。

プラスα　人にはもともと誰かと仲よくなりたい、いっしょにいたいという「親和欲求」があるが、誰かに傷つけられた経験があると、それを避けて孤立しがち。過敏な人ではこのパターンが多い。

友だち関係がうまくつくれない

友だちがつくれず、孤独感に苛《さいな》まれるのは深刻な悩みです。そこには、敏感さゆえの原因があり、そのループにはまっていると考えられます。

パターン1

自分が近寄ると、相手も近寄って来る。それが不安になってつい引いてしまう。けれど寂しいから、また相手に近寄ろうとする。この悪循環。

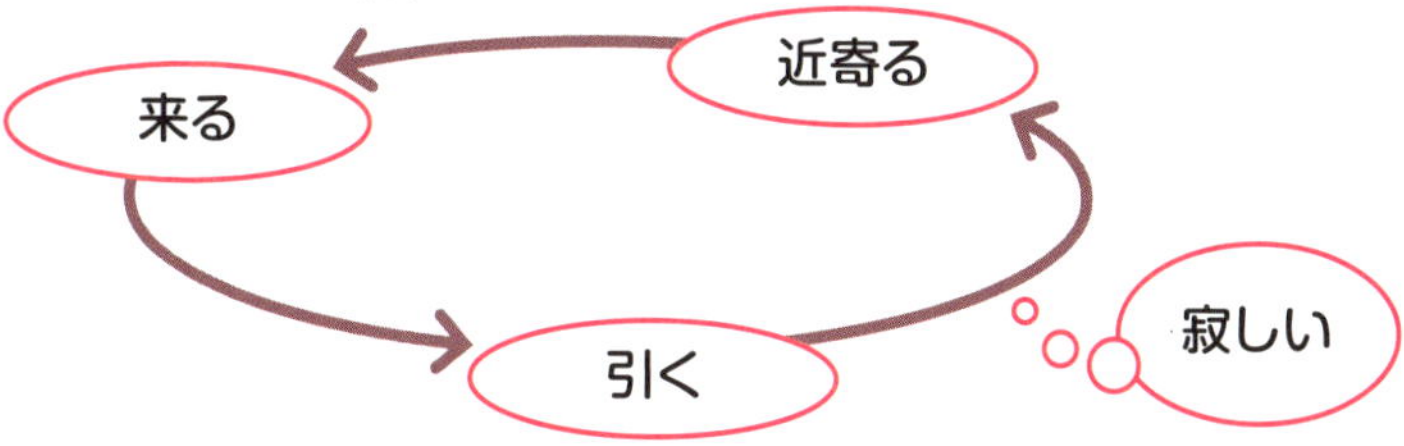

パターン2

相手に一生懸命気をつかうが、相手はその気づかいが重くて逃げる。逃げられたのは、自分の気づかいが足りなかったと思う。この悪循環。

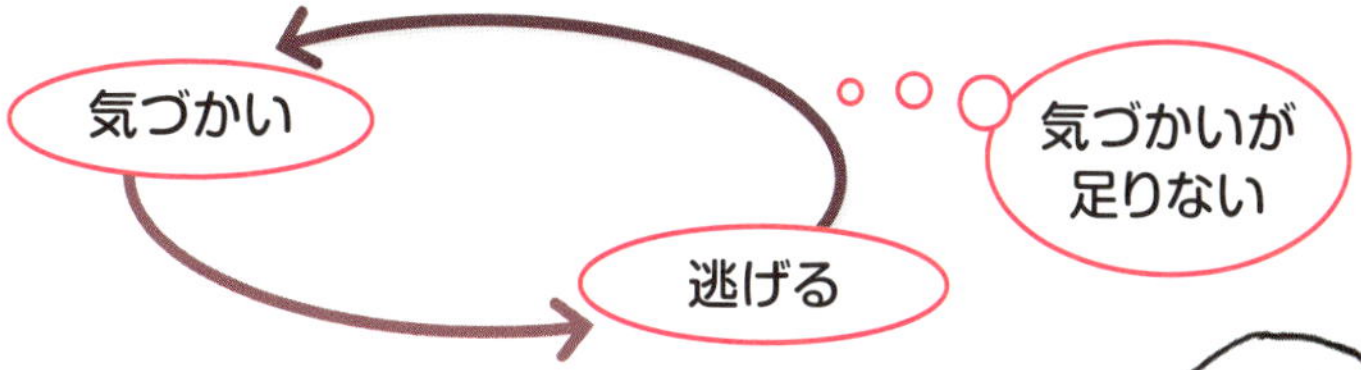

こうするとラクになる!

共感してくれる人がひとりいればいい

「私、すごく敏感で」と、恐れずに自己開示*しよう。共感してくれる人は、かならずいる。まずは挨拶から始めてみては。

*自己開示　相手に自分のことを知ってもらうために長所も短所も含め、ありのままの自分を伝えること。自分のいいところばかりをアピールするのは「自己呈示」という。

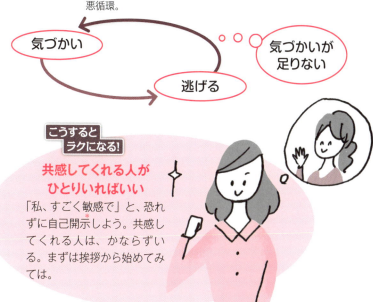

孤独感②

コミュニケーション下手はSNSにも原因が

●コミュニケーションが下手になっている

スマホやパソコンは便利な機械です。とくに、内向的で人に気をつかいすぎる過敏な人にとって、SNSは便利なツールです。他人と顔を合わせなくても用件を伝えられるし、自分のほしい情報が得られるからです。

しかし、便利なものにはマイナス面があるのも事実。スマホなどを使う人が増えるにつれて、現実のコミュニケーションが下手な人が増えているようです。さらに、SNSに過剰にはまってしまうと「**SNS依存症**」といわれる状態になります。そして今、SNS依存症の人は多く、さまざまな問題が生じています。

●現実のコミュニケーションとは

人と何かを伝え合うとき、言語だけでなく、身振り手振り、表情なども使います。しかも、コミュニケーション全体の中で言葉の役割は7%ほどしかないのです。SNSに頼るほどコミュニケーションは浅くなりますから、当然、人間関係が希薄になってしまいます。

自分の孤独感が、敏感さを理解してもらえないから、自己開示ができないから、と思っている人は、SNSの使い方を考えてみませんか。

匿名ばかりのSNSでは傷つけられることもあります。人間関係は、現実に生身の人間どうしが出会わないとうまくいかないものです。

スマホやSNSばかりやっていると、リアルの人間関係がうまくつくれなくなるといわれています。

プラスα 子どもが母親の愛情を十分に感じられないと愛着が形成されない。スマホに熱中していると、子どもが話しかけても気づかず、子どもを見る時間も減る。愛着の形成という点からも、SNSの使い過ぎには注意を。

ＳＮＳに依存する４タイプ

SNSに依存してしまう原因は、4つのタイプに分けられます。自分が依存していると感じたら、コミュニケーションの危機。使い方を見直しましょう。

センター試験型

全体の中で自分の位置を知らないまま育った40代以下の世代。大学入試のセンター試験のように、結果を見れば自分の位置がわかるものがほしい。そこで、SNSで自分の評価を求める。

対人緊張型

人前で緊張してしまい、うまく話ができない。無理に話そうとすると顔が赤くなったり、ひどく汗をかいたり、ふるえたりする。

昔からあった、コミュニケーションが下手なタイプ

現代に特有の、コミュニケーションが下手なタイプ

スマホを手放せない。家でもパソコンをやりつづけてしまう。

スキゾイド型（統合失調症型）

統合失調症の患者という意味ではない。人と適切な距離をとるのが苦手で、近づくのを恐れる。そのため孤立を好み、閉じこもる傾向がある。

自己愛型

自分のことをSNSを通じて露出する。他人がどう受け取るかよりも、自分の好みや行動を写真を使って過剰に開示する。高い評価や称賛を求めるのは、自己愛によると考えられる。

＊自己承認欲求　自分が他者に受け入れられていることで安心したい、自分を認めてほしい、などと思うこと。ツイッターなどのSNSで”いいね”やフォロワー数を増やしたいのもこれにあたる。

コラム

話し上手より聞き上手になるほうが合っている

とても敏感な人は、慣れない人や気をつかう相手と話すことを苦痛に感じます。うまく話ができないと焦《あせ》り、沈黙があると必死に話題を見つけようとします。

しかし、それは逆効果。話し上手になろうとするよりも、むしろ、相手の話を聞くほうにまわりましょう。

話を聞くときは、ときどきあいづちをうちながら、相手の目を見て（無理ならP95参照）、笑顔を絶やさないようにします。たまには、相手の言ったことをくり返すと、いかにも会話をしているようになります。その際には、ゆっくり、静かな口調を心がけましょう。これで、あなたは聞き上手です。

無理にしゃべらず、話を聞いているだけのほうがいい。

第5章

会社や学校などの集団の中で困り事が多い

大勢の中に入ると気をつかいすぎて、
疲れてしまいます。
また、仕事の悩みを抱えやすく、
落ち込むこともしばしばです。

他人の目があると仕事に集中できない

そんなある日
えーっ
今から仕様変更!?
ザワ
急いで資料作り直さなきゃ
ザワ
ザワ
誰がやるの?
ザワ
わわ…トラブルだ
急ぎの仕事は苦手！
私に回ってきませんように…
じっ
わっ課長こっち見てる…？
いやな予感…
頼まれそうな気が……
ポンッ

ヒロコくんお願いできる？
えーっ!!?
やっぱり私!?
ふだんの仕事ぶりを見込んで…
今日中に頼むよ！
ハ、ハイ…
こういう悪い勘はよく当たるんだよね…
トホホ…
どこをどう直すかはオレが指示するから！
!?
ドカッ
ここをこうして
あ、それはやめよう
うんそれをこうして
カタ
カタ
石化
カチーーン
うっ…

横で見られているとすごくやりづらいし
急かされるのもつらい…
ワ〜〜〜ン帰りたいよ〜〜
その後、何とか「ひとりで作業したい」と伝えてひとりにしてもらい…
あ、そう？
ギリギリ仕事は終えることができた
ドサッ
ご提案書
ありがとう!!
けど…
バタン
急ぎの仕事でミスのないように気をつかって…
ハァ〜〜
ヘロ
ヘロ
いつも以上に疲れた〜〜!!

仕事への不安

自分にどんな能力があるのかわからない

とても敏感な人には、すばらしい点がいっぱいあります。それを生かす仕事に就きたいですね。

●敏感だからこそできる仕事がある

とても敏感な気質では、社会に適応できないのではないかと心配になるかもしれませんが、むしろその気質はプラスの能力です。

現代は情報社会です。敏感な人は高感度のアンテナをもっているのですから、多くの情報をキャッチし、さらにそこから有用な情報をスピーディーに選びとることができるのです。

こうした能力に合う仕事はたくさんあります。例えば経済にかかわる仕事。激動の経済状況を敏感に察知し、的確に投資もできますし、経営にも有用です。取引先からは、誠実さや気配りのきめ細かさから、信頼されるでしょう。

敏感で繊細な人は、内面が豊かですから、作家や画家といった芸術系で成功することがあります。一方で、緻密さから理科系の仕事でもだいじょうぶです。

●最適な仕事はサポート系

多くの仕事に敏感さを生かすことはできますが、もっとも適しているのはサポート系の仕事です。医師、看護師、介護職、教師といった、人への気配りが求められる仕事です。弁護士、カウンセラー、ペット関連の仕事もいいでしょう。じつに多くの適職があります。

やさしさと気配りを求められる仕事ならなんでも、敏感な人にぴったりなのです。

敏感でも成功した人①　経営の神様といわれる松下幸之助（まつした・こうのすけ）、ホンダの創業者、本田宗一郎（ほんだ・そういちろう）は、超敏感な人だったといわれる。

気質を生かせる職業

競争で勝つこと、蹴落とすことを求められる現代は、敏感な人にとって生きづらい時代ですが、だからこそ、その繊細さを生かしたいものです。

危機を察知し、のりきることができる

経営の危機を敏感に気づき、広くアンテナを張って対策を求めることができる。ときには直感で大胆な決断を下せる。

➡ 例えば

投資家
経営者
経営コンサルタント
企業内での管理職

人の気持ちに寄り添える

困っている人や悩んでいる人に寄り添うことができる。きめ細かいケアができるので、サポート系の仕事がぴったり。やさしさや誠実さが受け入れられるはず。

➡ 例えば

医師
看護師
カウンセラー
介護職
教師

感受性が豊か

敏感で繊細な人は、ゆっくり読書をしたり、音楽を聴いたりなど、芸術に親しんでいることが多い。人の心の機微に敏感で感受性が豊かなので、芸術系の仕事に向く。

➡ 例えば

作家
音楽家
画家
評論家
編集者

適職は多いが器用な万能選手ではないので、1つの仕事を極めるほうがいい。

敏感でも成功した人②　夏目漱石（なつめ・そうせき）はHSPの典型といわれる。太宰治（だざい・おさむ）、金子みすゞ（かねこ・みすず）も超敏感。アインシュタイン、エジソンもHSPだったようだ。

集中できない

周囲の雑音がどうしても気になる

仕事に支障をきたすほど雑音がひどいときは、環境を変える工夫をしてみましょう。

●敏感さゆえの悩みのひとつ

五感が敏感な人は、周囲の音を気にする傾向があります。職場でも、周囲の人の話し声や電話の音、コピーやプリンターの作動音などに敏感に反応します。職種によっては、騒音のする環境での作業が当たり前ということもあります。しかし、そのせいで仕事になかなか集中できずに困ることが多いのです。逆に、集中しているときには、ささいな音にも驚きます。

さらに、レストランやカフェなどでもコップや食器の音、客どうしの会話、店内のＢＧＭ、いすを引く音などが気になって落ち着かなくなることがよくあります。

●過敏さは疲労が増す要因になる

過敏な人は気持ちの切り替えがあまり上手にできません。ひとたび気になると、パッと切り替えて集中するのが難しいのです。

しかし、仕事中にそんなことは言っていられず、必死に目の前の作業に集中しようとするのですが、もともと神経が敏感で気疲れや人疲れしやすいのに、さらに疲労度が増します。もしそれが原因でミスをすると、完璧主義ゆえ、はげしく落ち込むことになります。

仕事に集中できるように環境を変えたり、働き方を変えるなど、自分の特徴に合った工夫をしてみましょう。

プラスα 五感が敏感な人のなかには、視覚・聴覚・味覚・嗅覚・触覚のすべてが敏感な人もいれば、どれか1つか2つの感覚だけが敏感な人もいて個人差がある。

雑音をカットする方法を試してみよう

職場の責任者や上司の許可をもらい、耳栓やイヤホンなどを試してみましょう。ただし、職種によっては音を遮断してはいけない場合もあるので、指示に従います。

集中したいときには耳栓を使う

計算や重要書類の作成など、集中して作業をするときは耳栓を使ってみる。いろいろな種類があるので、自分に合うものを試してみるとよい。

ノイズキャンセリングのヘッドホンやイヤホンを使う

雑音を遮断する機能があるので、防音効果が高い。使用を許可してもらえる場合は試してみるとよい。

気になって集中力が途絶えたらひと休み

疲れて集中力が落ちると、ますます音が気になってくる。少し休憩をとって仕切り直すことも必要。

家では小さなボリュームで音楽やラジオをかける

周囲の雑音が気になるときは、小さめの音で好きな音楽やラジオをかけて気をまぎらわせる。ヘッドホンやイヤホンを使えばより効果的。

人より早く集中モードに入る

雑音のために集中できず残業が続くなら、早朝出勤にしてもいい。一度集中モードになると、同僚が出勤してきても集中力は途切れず、仕事が続けられる。

アドバイス　静かすぎると、かえって小さな音が気になってしまうことがある。この場合も雑音が気になるときと同様に、ボリュームをしぼって音楽やラジオをかけたほうが気にならなくなる。

仕事の悩み

複数のタスクをうまく処理できない

細部が気になって周囲に目を配れない

敏感で繊細な神経を備えている人は、作業中にもいろいろなことに気がついてしまい、目の前のことに集中するのが苦手です。

しかし、ミスをするのが何より怖いので、慎重に時間をかけて何度も確認しながら作業に取り組みます。そのため丁寧な仕事ぶりで評価される一方、ほかの人より時間がかかるなどと注意されることも少なくないようです。

また、複数の仕事（マルチタスク）*を周囲の状況を見ながら進めるのも苦手です。気が散りやすいのでひとつのことにしっかり集中しようとすると、そこにばかり目が行ってほかの作業が止まってしまうのです。その結果、仕事のやり残しが多く、叱られることもあります。

パニックを防ぐ自分流の工夫を

過敏だから仕事ができないというわけではありません。120ページで述べたように、こうした才能を活かせる仕事であれば生き生きと活躍できる人たちです。ただ、仕事によっては、進め方に少し時間がかかるだけです。

そこで、複数の仕事でもパニックを起こさず、落ち着いて取り組めるように自分なりに工夫をしましょう。また、仕事を断れずにあれもこれも引き受けると混乱の原因になります。引き受ける前に交渉しましょう（P98参照）。

優先順位を確認するなど、自分のやりやすい方法を工夫しましょう。

アドバイス　仕事を効率よく進めるには、“仕事の見える化”が効果的。優先順位を書いたリストをつくって目の前に貼っておくと交通整理されるので、頭がスッキリして仕事に集中しやすくなる。

目の前のことをひとつずつ片付ける

マルチタスクが得意な人

仕事でも家事でも複数の用事を同時に進めるのが得意な人がいる。時間の使い方や作業の組み合わせ方が上手で、効率よく動ける。

一方、

気がつきすぎるせいで、気が散りやすい

完璧主義の反面、敏感にあれこれ気がつきすぎる。気づいてしまうと、目の前のことに集中するのが苦手なので、どれも片付かないというパターンが多い。

こうするとラクになる!

上司に仕事の進め方を相談する

部下の相談をよく聞いてくれる上司なら、仕事の進め方について希望を伝えてみましょう。混乱しやすいので仕事は１つずつ片付けたいことや、人より少し時間がかかりやすいことを伝えておくと、仕事を割り振るときに考慮してもらえるかもしれません。

優先順位を確認する

- 混乱せずに進めるには優先順位を確認し、「緊急度」と「重要度」によって片付ける順番を決める。緊急かつ重要な案件が最優先で、次は緊急だが重要ではない案件、3番目は緊急ではないが重要な案件となる。
- 優先順位にしたがって、上から順番に片付ける。作業中は目の前のことに集中する。

＊マルチタスク　複数の事柄を同時に処理するという意味。効率はよいが、最近の脳科学ではマルチタスクは脳の疲労度が高いことがわかり、ひとつずつ片付けるシングルタスクがすすめられている。

報連相が怖い

上司や同僚に「無能」だと思われたくない

●原因は考え方のクセによる思い込み

どんな仕事でも、ミスをなくしてスムーズに進めるには「報連相」、つまり報＝報告・連＝連絡・相＝相談が欠かせません。

ところが、過敏さのために報連相が苦手というか、怖くてできない人がいます。しかし、報連相をせずに仕事を進めるのは無謀ですし、重大なミスの原因にもなりかねません。

自分が知らないこと、できないことを上司や同僚に相談して知られるのを怖れるのは、自分の無能さを露呈すると考えるからでしょう。

〝完璧にこなして当たり前〟〝きちんとできなければダメだ〟といった思い込みが強く、〝こんなことを聞いたら馬鹿にされる〟〝無能で使えない社員だと思われる〟と論理を飛躍させて言動を抑制してしまいます。

完璧主義や“べき思考”が影響して、自分で困った状況に追い込んでしまいます。

●自己評価の低さも影響する

思い込みに加え、自己評価の低さも影響します。〝こんな自分のために上司や同僚に時間をとらせてはいけない〟などと、報連相をしないほうがいいと考えてしまいます。

しかし、わからないまま仕事を進めても行き詰まるのは時間の問題です。いよいよ困りはてて自分ではどうにもできず、はげしく落ち込みます。すると自己嫌悪が増して、ますます自己評価を下げることになります。

プラスα 報連相が苦手な理由のひとつに、上司に相談したら「自分で考えろ」と言われ、自分で考えてやってみたら「勝手なことをするな」と叱られたという経験がある人も多い。

考えすぎて相手に聞けない

“知らないこと”を知られたくない

知らないことやできないことが上司や同僚に知られたら、自分のことを無能な人間だと思われてしまう。それが怖くて相談したり話を聞いたりすることができない。

考えすぎポイント①

過去に何度も説明を受けたことなら多少の小言はあるかもしれないが、相談したり質問したりしたぐらいで無能だとは思わない。

聞かない理由を考え出す

自分なんかのために時間を割いてもらうのは申し訳ないなどと、上司や同僚に相談しない理由を考え出す。しかし、それはこじつけではないか？

考えすぎポイント②

相手が忙しそうなら、タイミングを少しずらせばよいだけ。また、時間をとらせるのが申し訳ないというのも、仕事のことなのだからまったく問題ない。思い込んでいるだけでは?

わからないまま事態が悪化

報連相をしなくてもうまくできればよいが、そうでないと時間が経つほど事態は悪化しやすい。そうなるとますます相談できなくなる。

失敗を責めて自己嫌悪

報連相をしなかった結果、仕事でミスすると自分を責めて自己嫌悪に陥り、“最悪だ”などと自己評価をさらに下げてしまう。

アドバイス 報連相が怖い人は、それも業務の一環としてとらえるとよい。あくまで仕事を進めるのに必要な手順だと考えれば、スムーズに報連相ができるようになる。

ケース
スタディ

ふだんから報連相ができる関係を築こう

そもそも仕事で知らないことやわからないことを上司や同僚に教えてもらったり、相談にのってもらったりするのは、恥ずかしいことでも何でもありません。むしろ放置するほうが後々困ったことになり、周囲にも迷惑をかけます。

「聞くは一時の恥、聞かぬは一生の恥」ということわざもあるように、報連相をすることで知識を身につければ、ステップアップすることもできるのです。思い込みで尻込みしないようにしましょう。

とはいえ、内向的な人は上司や同僚と気軽に会話できないことも多いでしょう。そうなるとますます報連相がしにくくなります。そこで、ふだんのコミュニケーションで、報連相がしやすい関係をつくっておくようにしましょう。

その1

忙しいとき、困ったときだけではダメ

いつも困ってからギリギリで相談に来られても上司や同僚にも都合があり、十分に対応できない。「こっちも忙しいからダメだ!」などと、叱る人もいる。過敏な人は叱られるとトラウマになりやすいので、自らそんな状況をつくらないこと。

その2

相性のよい、話しやすい先輩や同僚と仲よくしておく

比較的気軽に話ができる人がいたら、ふだんからコミュニケーションをとっておく。ランチにいっしょに行ったり、ときには飲みに誘ったりして良好な関係を築いておくと、困ったときにも相談しやすい。

こんな会話をしてみよう

仕事での苦労話や失敗した話を聞いてみると参考になることが多い。ただ、敏感な人は他者との境界線がもろいので、誰かの悪口大会になったときは巻き込まれないように注意する。

メールやSNSも活用しよう

気軽に相談できるように、メールやLINEなどSNSも利用するとよい。相談しやすい人がいたらアドレスやIDを交換しておこう。

その3

HSPであることを打ち明けるのもひとつの方法

相手の人柄によるが、この人になら話してみたいと思ったら、自分はHSPという過敏な気質だと打ち明ける。そして、仕事を進めるうえで自分が得意なことや苦手なことを伝える。それが認められるとは限らないが、自分を知ってもらう第一歩になる。

ネガティブ思考

小さな失敗でもはげしく落ち込む

●ささいなことも過敏に受け止める

過敏な人は神経が高ぶりやすいため、わずかな刺激にも大きく反応します。周りから見たらほんのささいなミスなのに、大失態をしたかのようにかなり動揺してしまいます。

こうした反応をする背景には、とても敏感な人によくある、考え方や感じ方のクセが影響しています。過敏な人は総じてまじめで責任感が強い傾向があります。そのため、何かトラブルがあったとき、自己犠牲的に、「自分が何とかしなくてはいけない」と思い込みやすいのです。そのため、はげしく動揺したり、落ち込んだりするのでしょう。

●ネガティブ思考に気づこう

さほど敏感でない人ならミスをしても、「時間がなかったから」と自己弁護したり、「次から気をつけよう」と気持ちを立て直すことができます。たとえ本人に原因があったとしても、ネガティブな思考を引きずらず、ポジティブな方向に切り替えることができます。

過敏な人はこの切り替えが苦手なようです。何でも自分のせいにしていては、つらくなって当たり前です。ネガティブな気持ちを引きずりそうなら、「また考え方のクセが出ているぞ」と意識しましょう。気づくことが、修正していく第一歩です。

失敗したと
落ち込んでいても
それは本当に
自分のせいか
考えて
みましょう。

プラスα 何でも自分のせいにする人は「内的帰属」が強い。逆に人のせいにしたり周りのせいにするのは、原因が自分以外の「外的帰属」にあると考えるから。このタイプは立ち直りも早い。

“自分以外”の原因を見つけるクセをつける

過敏な人はすべて自分のせいにしやすい

まじめで良心的、自己犠牲もいとわない人が多く、何かあるとすぐに自分のせいにしがち。

→

落ち込みのパターンへ一直線

自分のせいだと思い込んでドーンと落ち込む。自己評価の低さも相まって、なかなか立ち直れない。

↓

本当に自分のせいなのか、ちゃんと確認する

失敗の原因が本当に自分のせいなのか確認する。責任転嫁をしろということではなく、事実を見ることが大切。自分ではどうしようもないことまで責任を負う必要はない。

↓

落ち込みを回避する

自分のせいなのか確認し、違うなら落ち込まないこと。もし、自分のせいであっても反省したら気持ちを切り替えよう。

ただし、自分が悪いときは反省を

自分のせいでミスが生じたことが明らかであれば反省を。反省することと落ち込むことは別のことと心得ましょう。

こうするとラクになる!

“うぬぼれ鏡”をもとう

失敗を別の視点で見てみましょう。「今回はできなかっただけ」「実力は見せられたはず」などと、自分を高評価するのです。これが“うぬぼれ鏡”。多くの人がもっているものです。

アドバイス　落ち込んだときは、ウソでもいいのであえて微笑んでみる。口角をキュッと上げて微笑むと、顔面フィードバック現象によって脳も楽しいと感じて気持ちが軽くなる。

自分のことを悪く言われている気がする

ほとんどは根拠のない思い込みです。自分の自信のなさが影響していることが多いのです。

●自己評価の低さが根底にある

誰かがヒソヒソ話をしているとき、よほど思い当たることでもないかぎり、自分のことを噂しているなどと考える人はいません。

ところが、敏感さゆえにずっと生きづらさを感じている人は、自分はほめられるような人間ではないと思い込んでいます。その影響で職場の同僚など小声で話している人を見ると、自分の悪口や噂話をヒソヒソ話しているのかと感じてしまうことがあるのです。

ただ、自分でも冷静になってみれば〝自意識過剰だった〟とか〝考えすぎかな〟と納得できることがほとんどです。

●全員によく思われるのは不可能

誰かに悪口を言われているとか、噂されているような気がするというのは、過敏な人に多い感じ方のクセです。自分のクセが出ていることに気づきましょう。

そもそも、誰でも、周囲の人たち全員に好かれたりよく思われたりすることは不可能と言っていいでしょう。気の合う人・合わない人がいて当然です。もしも悪口を言われていたとしても、その人たちとは距離をおけばいいこと。111ページで述べたように、共感してくれる人がひとりでもいればいい。こんなふうに、ネガティブ思考からポジティブ思考へ変換しましょう。

プラスα 人が他者の評価を気にするのは「社会的動物」ゆえ。他人から必要とされたい、周囲に認められたいと願うのはごく自然なこと。自己評価が低い人ほど他者の評価を気にしやすい。

自分で楽しいことを考えて切り替える

思い込みであっても、自分の悪口を言われていると感じるのはつらいもの。そんな苦しさから解放される方法を身につけましょう。

私のことを話しているのかな……
自信のなさ
心身の疲労
周囲が怖いものだらけ
過去の失敗

根拠がないことなので切り替えを

自信をなくし、過去の失敗や心身の疲労などが原因で自分の殻に閉じこもっていないか。周囲には悪意をもった人ばかりではないのに、根拠のないことに怯えているだけ。

こうするとラクになる!

自分を愛してくれた人を思い出そう

親、兄弟姉妹、恋人、友だちのほか、少し知り合っただけの人でも、あなたを認めて、親しみを示してくれた人がいませんか。自分を慈《いつく》しんでくれた人、愛してくれた人を思い出すだけで、心が温かくなるでしょう。

＊プラスの感情　落ち込んでいるときにプラス思考になるのは難しいもの。そこで、楽しいとかうれしいといったプラスの感情になれるんだと意識すると、自然にプラス思考になれる。

根を詰める

考え方のクセのせいでヘトヘトになる

〝べき思考〟や完璧主義が背景にある

過敏な人には〝べき思考〟や完璧主義といった考え方のクセがあると述べました（54ページ参照）。そのため、「責任を果たすべき」「人の役に立たなければダメだ」と、疲れていてもなお自分にむち打って働こうとします。心身ともにクタクタになっても、思い込みや他人の目を気にするあまり「こんなことで怠けてはいけない」とがんばりつづけます。

このような無理な働き方をしていると、体の調子が悪くなるのも当然です。例えば、自律神経失調症など心身の不調に悩まされる人がしばしばみられます。

仕事でミスをした後には特に注意

過敏な人は自己評価が低く、他者評価＊をとても気にします。何かで仕事上のミスをしたときに上司に叱責されたりすると、他者からの評価が大きく落ちたと感じて動揺します。

さらに、「自分はもうダメだ」「立つ瀬がない」などと考えてしまいます。そして、自分の責任だから、何とかその穴埋めをしなければいけないと思い詰め、さらに無理を重ねることになります。

仕事でミスをしたときなどには自分がこうした思考に陥りやすいことを自覚し、無茶をしないように気をつけましょう。

がんばるのはともかく、無理をするのは、あまりよいこととは言えません。

＊他者評価　自己評価が低い人は、その低い部分を他者からの評価で埋めようとするため、人目が気になってしまう。特に、地位も権力もある目上の人や上司の評価が重要な意味をもつ。

疲れやすいうえに無理を重ねるのは禁物

もともと、人間関係や仕事で気をつかうタイプです。退社するころには、もうヘトヘトになっている状態が日常的に続いています。

人一倍疲れやすい

敏感で繊細な神経を備えているため、ほかの人と比べて気疲れや人疲れしやすい。

にもかかわらず無理をする

完璧主義や“べき思考”の影響で疲れやすい自分を弱いダメな人間だと責め、そのうえミスをするなど絶対にありえないと考えてしまう。80点では満足できず、100点満点を目指して自分の体調もかえりみずに無理をする。

“もっとがんばらなきゃ”をやめる

そのまま無理を続けると、重大な病気を招く危険もある。倒れてしまう前に「もっとがんばらなきゃ」という思い込みをやめる。

こうするとラクになる!

休むのも仕事のうちと考える

またがんばりすぎていないかチェック。気持ちが先行して、疲れを見落とさないようにしましょう。少しでも危険を察知したら、自分の考え方のクセを逆手にとり、休むのも仕事のうち、と考えてはいかがでしょう。

アドバイス　神経をすり減らして疲れたときには、ランチタイムを噴水のある公園でとるのがおすすめ。水のマイナスイオンを感じながら、ひとりでゆっくりした時間を過ごそう。

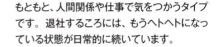

上司・教師が怖い

自分だけが目をつけられている気がする

●境界線がもろく、相手の感情に影響される

過敏な人は他者との境界線がもろいため、他人の感情に振り回されやすいことはすでに述べましたが（P104参照）、このことが上司や教師が自分にだけ目をつけているように感じる原因にもなっていると考えられます。

とても敏感なので相手の表情やしぐさから気持ちを読むのが得意なことに加え、境界線がもろくて相手の感情にのまれてしまいやすいところがあります。そして相手の感情に共感し、同調するような行動をとります。これを「**過剰適応***」といいます。

例えば、過敏な人は相手が怒りをぶつけたいと思っているのを察すると、それを受け止めるような行動に出ることさえあるのです。自分だけが目をつけられているというより、じつは自分から叱責を受けようとしているのです。

●無意識に自分を責めている

では、なぜこんなふうに自ら責められるようなことをするのでしょう。

その背景には、過敏な人は何でもかんでも自分のせいにしやすいこと、弱い自分への怒り、ダメな自分で申し訳ないという罪悪感を抱いていることが多いからです。しかし、こんなふうに自分を責めてはかわいそうです。こうした誤った思い込みや考え方のクセは改めましょう。

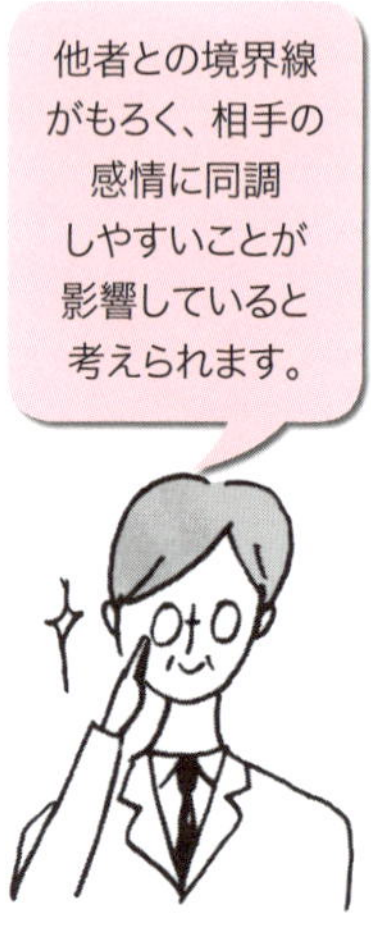
他者との境界線がもろく、相手の感情に同調しやすいことが影響していると考えられます。

プラスα　一方的に相手を傷つける暴言を吐き、支配するような態度は「モラルハラスメント」に該当する。パワーハラスメント同様、職場などの問題として注目されている。

責められて当然だと思い込みやすい

気質的に自分を責めやすい

良心的でまじめなので、何かあると自分が責任をとろうとする。また、敏感さを恥じ、罪悪感を抱いており、そのことで自分を責めている。

＋

他者との境界線がもろい

境界線が弱いので、他人の感情に影響を受けやすい。そして、相手の意に沿うような行動をとってしまう。

その結果

相手の気持ちを察して責めを受け入れる

相手が自分に怒りを向けているなら、それは自分のせいだからしかたないと、甘んじて受け入れようとする。

こうするとラクになる!

本当に自分のせいなのか考えてみましょう

上司や教師から責められたときは、本当に自分が悪いのか、同僚や友だちに客観的に判断してもらうとよいでしょう。理不尽に責められることに慣れると、さらに自己評価を下げることになり、悪循環のもとです。

アドバイス

控えめな態度は誤解されやすい

過敏な人は、自分からグイグイ相手にアピールするのが得意ではありません。職場でも控えめで物静かなので、上司や同僚の性格によっては“やる気がない”だの“気合いが足りない”などと誤解されがちです。また、人づきあいが苦手なのも“お高くとまっている”などと悪くとられてしまうこともあります。

こうした誤解をされやすいことも、生きづらさが増す原因になっているのです。

＊過剰適応　相手に責められることで、しだいに自分が悪いと思い込むようになり、抵抗もしなくなる。そして、相手に合わせた言動をとるようになること。

大声にビクビク

叱られている人を見るだけで萎《い》縮《しゅく》する

●他人の痛みにも敏感に反応する

さほど敏感ではない人でさえ自分の近くで誰かが大声で叱られたり注意されていたりするといい気分はしませんし、怖いと感じることはあるはずです。

過敏な人は五感が鋭いので、大きな声自体も刺激になりますが、それが叱責となると、そうした状況にいることが非常に苦痛になります。まるで自分が叱られているように感じて萎縮したり、息苦しくなるほどドキドキしてしまうこともめずらしくありません。

まして、他者に共感する力があるため、叱責を受けている人の気持ちに同調したり、影響されてダメージを受けたりもします。

●その場から離れて気持ちを落ち着かせる

誰かが叱責されている場面に遭遇してしまったら、できればすぐにそこから離れましょう。近くで様子を見聞きしているうちに、自分の気持ちが巻き込まれてしまいます。仕事中ならトイレに立つふりをするなどして、物理的に距離を置くのが効果的です。

もし、それができないときは叱っている人・叱られている人両方の当事者から意識をそらすようにします。自分の仕事に集中して、他者から押し寄せてくるマイナスの感情をしっかりブロックしましょう。

敏感なうえ共感性が高いので、他者のことをまるで自分のことのように感じてしまいます。

アドバイス　境界線を強くするには、イメージトレーニングが効果的。目を閉じて自分の周りに丈夫なバリアが張り巡らされているのをイメージする。毎日続けると自分の境界線を意識しやすくなる。

自分を守る壁が薄くてもろいのが原因

境界線がもろいので、“人は人、自分は自分”とうまく切り離すことができず、他者の感情に翻弄《ほんろう》されます。 物理的に距離を置くのがよいのですが、不快な感情にのまれたときは吐き出してしまいましょう。

多くの人がスルーできることが、スルーできない

近くで誰からガミガミ大声で叱られていると、まるで自分が叱られている気になってくる。ほとんどの人はうまく気持ちをそらせるが、過敏な人は相手の強い感情に境界線を突破され、のまれてしまう。

自分が叱られている気分になる

叱られている様子を見ているうちに、自分が叱られている気になって落ち込んでしまう。

こうすると ラクになる!

不快な感情や気持ちを吐き出すポーズでスッキリ

不快になったり、落ち込んだりしたときは、その気分を吐き出します。「ライオンの吐き出し」という方法です。目の前にゴミ箱があるのをイメージして、そこへ向かって大きく口を開け、舌をベーッと出しながらいやな気分をゴミ箱に吐き出すとスッキリします。

「ウェーッ」などと声に出しながら吐き出すと効果的。

プラスα 敏感な人に限らず、親しい間柄の人どうしでは感情移入しやすい。例えば、仲がよい関係で、片方があくびをすると、もう一人にもあくびがうつる。親密度が高いほど、うつる速度が速い。

変化に弱い

異動やクラス替えがいやで気が重い

●変化が大きいと疲労度が増す

子どものころから、クラス替えや進級して学校が変わったりするたびに、新たに人間関係を築いていかなければならないことが苦痛だったという人が少なくありません。春先など、気が重くなってくるといいます。

大人になってからは、職場での人事異動や部署替えに頭を悩ませる人が多いようです。

内向的で人とコミュニケーションを図るのがあまり得意ではないため、周囲の人と人間関係を築くのが苦手。慣れるまでの間は緊張や不安が続くため、気疲れしてしまうのです。

また、周囲の環境が変わるといつにも増して神経が高ぶります。神経が過敏なので、脳は刺激を受けることで常にフル回転しています。異動やクラス替えのような変化は大きなストレスとなり、脳がとても疲れてしまうのです。

●組織の変化で楽になることもある

確かに組織が変わることはストレスで、マイナス面ばかりが気になりがちですが、プラス面も見つけましょう。以前よりも自分に合った組織かもしれませんし、人間関係が良好になる可能性もあります。多少は時間がかかるかもしれませんが、新たな人間関係と向き合い、体調に注意しながら、自分なりにつきあい方を工夫していきましょう。

新しい環境では誰でも緊張します。過敏な人は人よりちょっと苦手なだけで、徐々に慣れてきます。

プラスα 環境の変化や新しい人間関係はストレスになるが、ストレスは悪い面ばかりではない。変化に伴うストレスは成長を促すことにつながるため、あえてそこに飛び込んでいくことも大切。

変化に伴うストレスを減らす

"人見知り"をアピールしておく

人づきあいが苦手で控えめな人が多いので、先に「人見知りしやすくて……」などと告げておくと周りの人もそれなりに理解してくれる。

雑談っぽく伝えるとよい

挨拶したり、おしゃべりしたりするときに伝えると、気構えずに済む。

●プチコラム

転職するなら今までの延長線上に

今の仕事が自分に向いていないと察知するのが早いのも、敏感さゆえ。転職するなら、今までとまったく違う仕事はおすすめできません。慣れるのに時間がかかる、不安感が強まる、緊張しやすいといった特徴があるからです。できれば、今までの仕事の延長線上にあるような転職先を選ぶほうが無難です。まったく違う仕事なら、自分の趣味の延長線上など、何か慣れ親しんだ要素があると安心です。

相談できそうな人を見つける

話しかけやすそうな人、相性がよいと思える人がいたら積極的に会話をして、コミュニケーションをとる。孤立しないように話し相手や相談相手を見つけておくと安心。

慣れるまでは体調管理に気をつける

不安や緊張で神経が高ぶるので、ふだんよりも疲れやすい。つい無理をしがちなので、慣れるまでは特に体調管理に気をつける。

不眠、寝不足は大敵

神経が高ぶると、疲れているのによく眠れないことがある。入浴や軽いストレッチ（P168参照）など、自分がリラックスできる方法で十分な睡眠がとれるようにする。

アドバイス　新しい環境や人間関係に早くなじむには事前の準備が効果的。仕事の流れを予習しておくか、いっしょに仕事をする相手の名前を早く覚えておくと、あわてず落ち着いて仕事に集中できる。

ケース
スタディ

話をするときに語尾をぼかさないように意識する

よく気がつき勘のよい人は、ほかの人が気づかない点を指摘したり、本質をつく鋭い発言をしたりするので、会議などで意見を求められることもあるでしょう。仕事上では報連相が大切ですから、日常的に発言しなくてはならない機会はたくさんあります。

そんなとき、意識して語尾をていねいに発音するようにしましょう。日本語は語尾に重要な意味が込められている特徴があります。語尾を消えるように発音すると、何を言っているのかわからなくなります。語尾をややゆっくりめに発音するのがポイントです。

ただし、語尾を強くしたり、語尾の音を伸ばしたりするのは厳禁。これは、かえって印象が悪くなります。

「です」と「ではありません」は逆の意味なので、語尾までしっかりと発音しよう。

第6章

もっと自分をいたわってあげよう

敏感さゆえの悩み事や困り事を
解決する方法を紹介します。
落ち込んだり、マイナス思考になったり
しそうなときに試してみましょう。

客観的にみてくれる誰かに相談してみよう

社内に友達もいないし～
うるうる
うんうん
あと先輩にはぜったい嫌われてるし…
上司にも仕事できないって思われてる気がするの…
どうして？何があったの？
この前先輩にはギリギリ出社で注意されてね…
上司に頼まれた急な仕事ではアタフタしちゃって時間がかかったし…
フーム..

ヒロちゃん
先輩が遅刻を注意するのは当たり前だよ
ビシッ
その先輩とはふだんあまり話さないの?
今度話してみなよ!
嫌ってるから注意したわけじゃないと思うよ
そっか…
あと上司も仕事できないって思ってるなら
急ぎの仕事を頼まないと思うけどなぁ…
そんなこと考えたこともなかった
うん…
ポロ
ポロ
うろこ
同僚も、まずランチに誘ってみな?
うん
みっちゃんに話すと心がラクになる…

私はすぐ悪いところばかり気にしちゃうけど
みっちゃんはいつも客観的に見てくれる
自分の考え方と他人の考え方は違うんだな
みっちゃんに相談してよかった…
ま、これは
私の意見だからほかの人にも相談してみたら
モチロン私にもいつでも電話して♪
うん〜みっちゃんありがと〜
アハハ泣くな泣くな
……
通話終了
27:30
誰かに相談してみるか

考え方のクセは意識すれば変えられる

●物事のとらえ方を「認知」という

人はある物事について判断したり考えるとき、自分の過去の経験や知識をもとに状況を推理し、解釈しようとします。これを心理学などでは「認知」と呼んでいます。

認知には、人によってそれぞれクセやパターンのようなものがあります。個性ともいえますが、なかには、考え方やとらえ方が偏っていることもあります。

例えば、同僚に声をかけたのに返事がなかったとき、単に気づかなかっただけなのに、認知の偏りがある人は「嫌われているから無視された」ととらえます。このように誤った受け止め方で判断し、事実と大きくかけ離れた認識をもつと、むやみに傷つくことになります。

むやみにクヨクヨして落ち込むのを避けるために、物事のとらえ方を変えてみましょう。

●視点を変えて考えてみる

過敏な人には、〝完璧主義〟や〝べき思考〟といった、考え方のクセ*がありますが、まさにこれこそが認知の偏りの原因となります。

こうした、偏った考え方のクセを変えると、別のとらえ方や判断ができるようになるので、悩みを軽減させて、解決方法が見つけられるようになります。

まず、視点を変えてみましょう。こり固まったいつもの見方から離れて、物事をとらえ直してみましょう。

*考え方のクセ　考え方のクセを心理学では「スキーマ」という。スキーマは幼児期から形成される。例えば、日本では雪だるまは2段重ねだが、欧米では3段重ねである。これもスキーマの一種。

物事のとらえ方を切り替える

思い込みやレッテル貼り 事実でもないのに、勝手に思い込む。レッテルを貼って、そうだと決めつける。	**本当にそうか検証する** 反対の事実や別の見方はないか、具体的に考えてみる。
白黒思考 白か黒か、0か100かというように両極端な考え方や決めつけをする。	**点数や段階的な評価を** 点数をつけるか、何段階かに分けて評価する。“絶対” “必ず” “いつも”といった評価をやめる。
べき思考 “～すべき” “～すべきでない”など、絶対的な考えを強いる。	**現実的な解決策を考える** 実現可能な事実に目を向けて、できることを考える。
自己批判や個人化 すべての責任が自分にある、自分のせいだと思い込む。何でも自分と関連づける。	**本当に自分が悪いか、客観的に考える** 誰に責任があるか、客観的に考える。勝手な思い込みではないか事実を確認する。
深読み ささいな出来事でも「嫌われている」「仕事ができないと思われている」などと、物事の裏側を勝手に読む。	**根拠と反証を探す** どうしてそう思うのか、具体的な証拠や事実があるのかどうかを確認する。
先読み 「きっと失敗する」「またダメに決まっている」などと先読みして諦めたり、落ち込んだりする。	**解決策を考える** 否定的に考えると失敗しやすいので、本当にダメなのか、解決する方法はないのか考える。

プラスα　もののとらえ方といった、認知の偏りを修正する方法を「認知療法」という。もともとは、うつ病の治療法として誕生したもので、精神療法としてよく用いられている。

考えすぎない②

何かに熱中すれば考え込む隙《すき》がなくなる

時間を忘れて
打ち込める
ものがあると、
考えすぎるのを
改善しやすく
なります。

●考えすぎるのは、脳のせい

過敏な人は考えすぎる傾向が強く、悩み始めるとループにはまると述べました（P52参照）。悩んでもしかたがないことをくり返し考えてしまうのは、自分がひどく敏感だからと思いますか。じつは、「脳」のせいです。

これは過敏な人にかぎりません。脳は起こったことに対して「ああすればよかった」「こうすればうまくいったのに」と反省したり、「こんなことをしてだいじょうぶか」と不安に思ったりするものだからです。

脳にはこうした傾向があると知り、上手にコントロールしていきましょう。

●脳に熱中できる仕事を与える

考えすぎの脳を止めるには、時間を忘れて没頭できることがあるとよいでしょう。習い事や好きな趣味でも何でもかまいません。何もしないでいるとついつい悩み始めてしまうので、脳を何かに夢中にさせるとよいのです。

仕事に没頭するのもよいですが、無理をしがちなので、自分がリラックスできるものがおすすめです。

熱中している間は余計なことを考えずにいられますから、少なくともその間は考え事を中断できます。こうした時間を定期的に設けるようにすると、自然に考えすぎずにすみます。

アドバイス　考えすぎないようにお酒に走るのはNG。仕事のミスを忘れるため、あるいは寂しさをまぎらわすために正体をなくすほど飲む習慣があると、アルコール依存症になりやすいので注意。

“考える”時間を別のことに使う

何もしないと考えすぎてしまう

予定がなく、ぼんやりしていると、すぐにネガティブなことを考えはじめる。挙げ句、ループに陥って自分を責めやすい。

物理的に考える時間を減らす

趣味や習い事、家事など何でもよいので取り組んで、ぼんやり考え込む時間を減らす。

ストレスを感じることなく自分が楽しめるものがよい

ふだんストレスをためがちな人は、リラックスできるものがよい。人づきあいや人混みが苦手でも、ひとりで楽しめるものはたくさんある。

仕事はほどほどに

過労になりやすいので、仕事で予定を埋めるのはほどほどに。働くのが好きでも、息抜きを忘れないこと。

アドバイス

脳のタイプに合った方法を

脳はネガティブなことを考えやすいという性質がありますが、過敏な人の脳は、1つのことに集中しやすいという性質もあります。

集中しやすいのは手元の作業です。例えば、窓ふきや掃除。特に、風呂場は掃除の結果が目に見えやすく、達成感があるので、おすすめです。暗いことばかり考えていると気づいたら、風呂場に直行しましょう。

好きなことをしている間は時間を忘れ、心から楽しめる。そんな時間を増やすとよい。

プラスα 最近ではアニメやマンガ、ゲームなどの二次元のキャラクターに夢中になる人がいる。人づきあいが苦手なら、一種の現実逃避ではあるが、心から楽しめるならかまわない。

時間を区切る

考える時間を決め、タイムアップで強制終了

考え始めると
ループにはまって
抜け出せなくなる
ので、強制的に
やめるのは
よい方法です。

●考えても答えが出ないことも多い

誰でも、不安なことや心配ごと、その日の後悔などを考えてしまうことはあります。もちろん考えること自体が悪いわけではありませんし、無理にそれをやめる必要もありません。

しかし、過敏な人は**あれこれ考えすぎて、抜け出せなくなることが問題です。**

どんなに考えてみても答えが必ずしも出ないことも多いものです。長時間グルグルと考え続けるうちにそこから抜け出せなくなるだけでなく、自分を責めたり否定したりするような考えに陥る可能性があります。結局、自分がつらい思いをすることになりがちです。

●時間を制限して考える

考えること自体をやめるのではなく、考えすぎることをやめましょう。150ページで述べたように何かに熱中するのもいいですし、適度なタイミングで考えるのを一旦やめるのもいい方法です。**時間を決め、「タイムアップ」と心の中で唱え、強制的に終了させる**ことがポイントです。そして、終了時間が来たら、「これだけ考え抜いたのだから大丈夫だ」と自分の決断に自信をもちましょう。

そのためにも制限時間の間は精一杯考えることに集中します。こうして問題を長く引きずらずにクリアする習慣をつけましょう。

アドバイス　考え事をしているとき、ネガティブな気持ちになって悪いほうに考えそうになったら、鏡を見ながら笑顔をつくる。笑っている自分の顔を見ると落ち込んだ気持ちを切り替えられる。

時間が来たら考えるのをやめる

思う存分考えるためには、時間を制限したほうが効果的です。
決めた時間までは問題に集中して取り組みましょう。

考え込みそうになったら、時計を見よう
考え始めるとキリがない。あれこれ悩んだり考えたりし始めたら、時計を見るクセをつける。

時間を決めてアラームをセットする
自分で時間を決めたら、目覚まし時計やスマホのアラームなどをセットする。

時間が来たら、思い切って中断する
時間が来たら、スパッと考えるのをやめる。まだ答えが出ていないときでも、一旦中断することが大切。時間をおいてから、同じく時間を制限して再考する。

ズルズルと延ばさず、ベストな答えだと信じる
結論を出したら振り返らない。それがベストな答えだと自分を信じることが大切。自信をもつためにも制限時間までは集中して、十分に考え抜くようにする。

結論が出ないことなら「もう考えない」という答えもあり。

プラスα 2つ以上の葛藤があり、頭の中が一杯になって結論が出せない状態を「心的飽和」という。優柔不断な人によくみられる。選択肢が多いと心的飽和になりやすいので、数を絞るとよい。

クヨクヨしない

過去は過去として忘れることも大切

●つらい記憶をためこんでいる

過敏な人がネガティブ思考のループに陥る原因のひとつに、いつまでも過去のことをクヨクヨ考えているということがあります。

さほど敏感でない人は、いやなことがあっても時間とともに徐々に忘れていくものです。友だちと飲みに行って不満をぶちまけて解消することもあります。後悔したり不快な思いをしても、引きずることはほとんどありません。

過敏な人は、自己を抑制してしまうため、つらい感情をぶちまけることができず、ためこんでしまいます。だからこそ、いつまでもクヨクヨすることになるのでしょう。

●「忘れよう」と自分に宣言する

クヨクヨするのをやめるには、なにか別のことを考えたり、体を動かしたりして、クヨクヨする時間をもたないようにします。一瞬でも忘れられれば、その積み重ねで徐々に記憶が薄らいでいきます。

忘れよう、忘れよう、と考えるのは逆効果です。何を忘れようとしているか、そのたびに思い出すからです。

つい考えはじめてしまったら「忘れよう」と声に出すといいでしょう。同時に立ち上がって、何か体を動かします。自分の頭を軽くたたいたりしてもいいでしょう。

繊細な人は
心が傷つきやすく、
その傷が
癒されない
ままになっている
ことがあります。

プラスα 友だちや家族にいやな思いをさせてしまった、と気に病んでいても、相手は気にしていないことが多い。過敏さゆえの取り越し苦労ということ。

過去は過去として、もう考えない

いつまでもつらい記憶にとらわれていると、ストレスとなって心身が苛《さいな》まれます。過去は過去として流しましょう。

ネガティブ思考に

過去に言われたことを思い出しては、自分は傷つけられたなどと、クヨクヨする。考えはじめると、それがさらに自信を失わせ、ネガティブ思考のループに陥ってしまう。

一瞬でも忘れよう

その一瞬の積み重ねが「時間薬」となって、徐々に自分を癒してくれる。

もうクヨクヨしない

上手に忘れることは、ストレス解消の重要なテクニック。また、悪意があったのではないと考え直すことや、自分の考えすぎだと気づくことは、人間関係をうまくつくるためにも役立つ。

気にしていたのは自分だけ

こうすると
ラクになる!

こうするとラクになる!
過去の自分に
いたわりの言葉を

まず、過去の自分を「つらかったね」「よく耐えてきたね」とねぎらい、精一杯がんばった自分を認めてあげましょう。そのうえで、今の自分ならネガティブ思考に陥らない方法も知っているから大丈夫と、強く言い聞かせましょう。

アドバイス 誰かにいやな思いをさせたと気になるなら、勇気を出して謝ってみよう。相手が怒っていたら、こちらから先に謝るほうがよい結果につながるし、相手が気にしていなければ、それがわかる。

自分を認める①

ありのままの自分を丸ごと受け入れる

生きづらさを軽くするには、今の自分をそのまま受け入れることから始めましょう。

●自己否定していると生きづらい

「敏感すぎる」と自分を責めたり、恥じたりするのはもうやめましょう。ただでさえ生きづらさを感じているのに、さらに自分を苦しめています。敏感な自分を否定すると、自分を大切に思えず、受け入れられません。自己肯定感が低くなり、「自分なんて生きていても迷惑なだけだ」とさえ思い込んでしまうこともあります。

また、無理をしてでも仕事をがんばったり、恋人に尽くそうとするのは、「優秀でなければ必要とされない」「全力で尽くさないと愛されない」というように、〝条件付きの自分〟でなければダメだと思い込んでいるからです。

●〝素の自分〟でいいと認める

気持ちが晴れないと感じているなら、まず〝条件付きの自分〟をやめること。〝素の自分〟でいいと、認めましょう。さもないと、自分を見失うことになるか、ストレスに押しつぶされてしまいます。

敏感であることは、恥じたり、責めたりするような特徴ではなく、大切な自分の一部です。むしろすばらしい特徴だと、丸ごと受け入れましょう。〝素の自分を出す〟とは、とりつくろわず正直に素直に生きるということです。そのほうが、自分の生き方として合っていると思いませんか。

アドバイス　自己肯定感を高めるには、ふだんのログセを直そう。「私ってダメね」「どうせ私なんか」というネガティブな発言は自己評価を下げてしまう（P 176参照）。

「私は私のままでいい」と言い聞かせる

条件付きの自分でないとダメだという考えを捨てる

自分は、今のままの自分でいいと信じることが第一。優秀でないとダメだ、“いい子”や“いい人”でないと愛されないなどと、あれこれ自分に条件を付ける必要はない。

自己肯定感が高まる

素の自分でいいと丸ごと受け入れると、自分を大切に思える。すると自己肯定感も自然に高まる。無理をせず、自分らしく生きられれば、しだいに生きづらさも緩和されてくる。

✖ 優秀でないとダメ

✖ 勉強ができる私でないとダメ

✖ 相手に尽くさないと認めてもらえない

✖ 保護者や教師の言いつけを守る“いい子”でないとダメ

アドバイス

鏡の自分にほほえみを

自分を受け入れるやり方のひとつに、鏡を見て自分にほほえむというものがあります。

誰でも、笑顔を向けられ、ほめられるのはうれしいものです。それを自分で自分に対して行うのです。

1日の終わりに、鏡を見て、がんばったねと自分を認め、ほめてあげましょう。自分にほほえみかけながらうなずいたり、ハイタッチしたり。きっと心が癒されるはずです。

プラスα 自己肯定感や自己評価が低いと、いつも自分を責めるので余計に心が傷つきやすい。自己肯定感を高めると、自分をむやみに責めなくなるので傷つくことも減ってくる。

自分を認める②

できることをやったら それでOKとする

思い通りにならないことは多い

とても敏感な人は感じ方・考え方のクセの影響で、完璧をめざさなければいけない、100点満点でなければダメだと考えがちです。

しかし、仕事でも何でも常に完璧にこなせるわけがありません。状況が変わることもあれば、相手の都合で振り回されることもあります。また、天気や災害、事故などの影響で自分の力ではどうにもならないこともたくさんあります。むしろ、世の中は自分の思い通りにならないことのほうが圧倒的に多いのです。

にもかかわらず、完璧を目指します。こうしたまじめで良心的なところは敏感さの美徳でもあるのですが、そのことで自分を追い込んでいることに気づきましょう。

“自分が何とかしなくちゃ”をやめる

自分を追い詰めないためには、完璧主義ではなく、「**最善主義**」に切り替えましょう。最善主義とは、自分にできることをやったら、それでOKとする考え方です。

もし、結果がダメだったらまたやり直せばよいし、誰かに手伝ってもらってもよいのです。自分ひとりで抱え込み、「何とかしなくちゃ」と無理をするのはやめましょう。

失敗しても誰かに助けてもらっても恥ずかしいことではありません。それでいいのです。

完璧や100点満点を求めるのではなく、自分でできるだけのことをやったらよしとしましょう。

プラスα “あのとき、ああすればよかった”などと失敗の原因を過去に求める「原因論」の考え方では、解決策が見つからない。過去は変えられないので、ただ後悔するだけになってしまう。

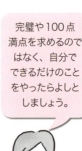

がんばりすぎ、抱えすぎは、過敏な人の特徴

仕事もプライベートも“やりすぎ”になりがち

完璧にこなそうとがんばりすぎたり、頼まれると断れなかったりして無理をしがち。遊びの誘いでも、本当は出かけたくないのに断れずに無理してつきあう。

失敗すると過度に自分を責める

ミスをしたりうまくいかなかったりすると、その責任がすべて自分にあるかのように考える。そして、自分をダメな人間だと責めて落ち込む。

good！

自分のベストを尽くしたらそれでよし！

最善主義は自分にできることをやったら、それでよしとする。ベストを尽くしたのであれば、結果の良し悪しは関係ない。

NG!

さらにがんばろうとして無理をする

自分の努力が足りないから失敗したなどと考え、さらに無理をして働く。プライベートであれば、過度に相手に尽くしてしまう。

反省のしすぎに注意

ベストを尽くしてもダメだったとき、スパッと開き直れずに落ち込みやすい。反省するのはよいが、全部を自分のせいにするのは誤った考えグセだと自覚しよう。

失敗したら「目的論＊」に方向転換をする

失敗したとき、過去に原因を求めると行き詰まる。過去ではなく、未来に目を向け、これからどうしたらいいかを考えるほうが建設的。

＊目的論　行動にはすべて目的がある。つまり、目的が何かを見据えて、どう行動するかを考えること。これからどうすべきか、というように未来を見据えるので前向きに考えられる。

疲れをとる

1日に1回はボーッとする時間をもつ

●何も考えないで脳を休ませる

誰でも疲れたら休養が必要ですが、自分が過敏だと自覚している人は、1日に1回は何も考えない時間をもちましょう。ただひたすら、ボーッとしてください。頭を空っぽにして、脳を休ませるのです。すると徐々に心の緊張がほぐされ、心身の疲れがとれてきます。

できれば、静かな環境がいいでしょう。自分の部屋なら、少し暗くすると落ち着きます（Ｐ163参照）。静かで落ち着けるなら、近所の公園や喫茶店の片隅でもかまいません。

電話やメールに反応しないようスマホは切っておきましょう。

がんばった日は、
もう何も見ない、
何も聞かない、
何も考えないで、
ゆっくり
しましょう。

●1日じゅうボーッとする日があってもいい

実は、頭を空っぽにするのは、難しいことです。いろいろな雑念が浮かんできますが、次々に浮かんでくる雑念に注目せず、流すようにします。瞑想やマインドフルネス（Ｐ188〜191）のやり方も参考にしてください。

ときには、1日中何もしない、何も考えない「完全休養日」を設けることをおすすめします。もし1日中誰とも話をしないのは寂しいなら、信頼できる友だちや家族と、軽い会話をします。ただし、深刻な話にならないよう、趣味や食べ物、音楽、映画などの話題に。楽しいおしゃべりはストレス解消になります。

＊ヤマアラシのジレンマ　ヤマアラシという動物は全身が針でおおわれているので、寂しくて近寄るとお互いに傷つけあうことに。人間関係も同様に、疲れている日は人と近づきすぎないほうがいい。

ストレス解消のしかた

人間関係に気をつかった日、急な仕事に対応した日……。さまざまなストレスに疲れはてています。そんなときは、ストレス解消を。ただ、人によって、その方法が違うことがあります。

ゆっくりすることで解消するタイプ

多くの人は、“のんびり・ゆっくり”してリラックスすることがストレス解消になる。運動をするにしても、景色を楽しみながらブラブラ散歩、ひとりでできる水泳など、他人に合わせずマイペースでできることがよい。

動きまわることで解消するタイプ

世の中には、“のんびり・ゆっくり”がかえってストレスになる人がいる。何もしないとイライラして落ち着けないという。そういうタイプは、友だちと飲みに行く、カラオケ、運動する、など動きまわるほうがストレス解消になる。

敏感で、気疲れする人はこちらのほうが向いている

とても疲れた日は、両手で自分の肩を抱いたり、軽くたたいてあげるといい。恥ずかしい、と抵抗があるかもしれないが、ひとりの部屋なら平気。想像以上に癒しの効果がある。心理療法士のイルセ・サン*が提唱している方法。

*イルセ・サン　デンマークの心理療法士。本人もHSPだとその著書で開示している。ここで紹介しているように、何も考えないでボーッとする時間を「滋養の時間」と言っている。

ケース
スタディ

癒しのポイントは 音、光、におい、温かさ

疲れやストレスは脳で感じるものです。脳への強すぎる刺激を減らし、「気持ちのよい」刺激を与えると、脳がリラックスできます。敏感な人は、五感に心地よい働きかけをすることがポイントです。音、光、におい、温かさは、聴覚、視覚、嗅覚、触覚を刺激します。このほかにはおいしいものを食べて、味覚を快適にすれば、元気がわいてくるでしょう。

におい、温かさ

ヒノキボールのお風呂

リラックスといえば、日本人はお風呂。体温+2度くらいの湯温が適温。ぬるめの湯にゆったり浸かろう。湯船には、市販のヒノキボールを浮かべるとよい。ヒノキに含まれるヒノキチオールという成分には、ストレスをほぐす効果がある。

光

間接照明

居室には煌々《こうこう》と蛍光灯がつき、スマホやテレビなどの光る画面にさらされている現代人。強い光は視覚を通じて、全身の疲労につながっている。五感が敏感な人は照明を落とすことで神経が休まり、リラックスできる。

音

音楽の選び方

リラックスできる音というと、小川のせせらぎ、波の音、小鳥のさえずりなどが効果的だが、音楽の力も重要。音楽には、心を安定させる効果があり、音楽療法もあるほど。音楽は自分のその日の感情に合った曲を選ぶとよい。

●下記のような曲は逆効果なので要注意。

気分が沈んでいるとき……陽気な曲は逆効果

気分が高ぶっているとき……情感豊かな曲、すすり泣くような曲は避ける

後悔にさいなまれているとき……昔を思い出すような曲は避ける

●下記のような曲は選んでもいい。

心が騒いでいるとき……モーツァルトの曲は、たいていの気分に合う

日記や手紙を書くとき……ショパンやドビュッシーの、静かで甘い曲

最近はリラックスのためのCDも市販されているので、そこから選んでもよい。

「敏感日記」や「敏感手紙」を書く

自分を記録することや、自分への手紙を書くことで、自分を励まし、勇気をもたせることができます。

●つらさや苦しい気持ちを文字にする

過敏な人は、言いたいことをがまんして、自分の中にため込んでしまい、ネガティブ思考のループにはまり込んでいく傾向があります。

しかし、心にふたをしたままで見ないようにして、自分の苦しさやつらさ、悲しみをなかったことにしてはいけません。必要なのは、**自分のつらかったこと、苦しかった気持ちを自分が認めてあげる**ことです。

自分のつらい気持ちを認めたら、次にするべきは吐き出すことです。言葉にして吐き出せば、心がすっきりします。これを「**カタルシス効果**」といいます。

●日記を書いてカタルシス効果を得る

カタルシスとは、「心の浄化」を意味します。精神科の治療法として取り入れるところもあり、**心に鬱積《うっせき》した感情を意識させ、それを除去することで症状を改善させる**方法です。

過敏さは病気ではありませんが、この効果を期待して、「敏感日記」をつけるとよいでしょう。どんなことがあって、どれほどつらく悲しかったか、腹が立ったのか、すべて日記に書いて、気持ちを吐き出してしまいましょう。

日記をつけるのが大変と言う人は、自分自身に手紙を書く「敏感手紙」で自分を励ますのもよい方法です。

プラスα 理想の人生を紙に書いて貼っておくのもよい。毎日2分間を書く時間にあてる。ありえない理想でも、書くことで幸福感が高まる。米国ミズーリ大学のローラ・キング教授が考案した方法。

気持ちを文字にする

つらい気持ちを吐き出す「敏感日記」、自分を励ます「敏感手紙」、こうなったらいいなと想像して書く「未来日記」など、文字にする方法は工夫しだい。このほか、「ほめほめノート」（p 221 参照）や「いいことノート」（p 223 参照）でもいいでしょう。

どうしてほしかったかも書こう

そのとき、自分はどうして欲しかったのか、どう言われたかったのかも書くと、自分が本当に望んでいたことがわかる。

敏感日記

過去・現在の苦しい思いを書き出してみる。人に見せるわけではないので、思ったまま、感じたままに書けばよい。

未来日記

困難な状況に直面していて気持ちが後ろ向きになっているときは、うまくいった状況を書いてみると、解決の糸口が見えることもある。なにより、前向きに取り組もうという気持ちになれる。

敏感手紙

自分が第三者になった視点で励ますように書く。「あなたはつらいのによくがんばりました」など、自分を認めてあげる。手紙は持ち歩き、つらいとき、取り出して読むとよい。

つらい気持ちを書いて吐き出すと、心のオリが流れ去り、浄化される。すっきりした気分になれるはず。

プラスα 自分に励ましの手紙を書くのがうまくできないなら、自分が日ごろから信頼して認めている人にあてて書いてみよう。そのあとで、信頼できる人の部分を、自分に置き換えるとよい。

話を聞いてもらうだけでラクになる

ひとりで考えすぎないためには誰かに話を聞いてもらったり、意見をもらったりするといいですね。

●本音を口にしない人が多い

敏感な人は、「こんなことを言ったら相手に悪いのでは」などと気にして、本音を口にしたり、素の自分をさらけ出したりすることがあまりありません。そのため、悩み事や心配事があっても結局ひとりで悶々《もんもん》と考え込み、ループにはまるというのがいつものパターンです。

誰かに相談すること自体ハードルが高いと思うかもしれませんが、過敏な人が陥りやすい感じ方・考え方のクセを避けるためにも、誰かに話を聞いてもらうのはよいことです。

つらい思いを文字にすることは心の浄化になりますが、言葉にして話すことでも、カタルシス効果は得られます。

●考えすぎの予防にもなる

誰かに悩み事を相談したからといって、確実な答えが得られる保証はありません。

しかし、自分以外の人の考えを聞いたり、自分の意見に同意してもらえたりするのは大いに助けになります。また、アドバイスをもらえたことで違う視点から考えたり、「自分の気持ちをわかってもらえた」という安心感が得られたりすることもあります。

この安心感によって、「もう十分に考えたから大丈夫だ」と感じられれば、ひとりで悶々と考えすぎるのを防ぐことにもつながります。

プラスα　ひとりを好む「個人主義」の人は自分に自信があり、周囲に対しても心を開いている。一方、孤独な人は自分に自信がなく、心を閉ざして殻に閉じこもりがち。過敏な人にはこのタイプが多い。

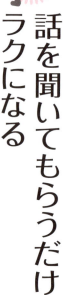

話すことでクヨクヨしない手助けにもなる

話すことのメリット

人に話すと考えが整理される

誰かに話すには、わかってもらうために話の中身を整理する必要がある。すると自分の考えが自然にまとまってくる。

聞いてもらうことでスッキリする

相談して仮に答えが出なくても、誰かに話を聞いてもらうとスッキリすることが多い。話すこともカタルシス。

答えを導き出すのに役立つ

自分以外の意見を聞いたり、アドバイスをもらったり、その人の経験談を聞いたりすると考え方の選択肢が増えて答えを出しやすくなる。

自分の思い込みに気づきやすい

ほかの人の視点で話を聞いてもらうと、自分勝手な思い込みや考え方のクセといった認知の偏りに気づくきっかけになる。

アドバイス

第三者のほうが話しやすいこともある

　悩み事の種類にもよりますが、事情をよく知らない人のほうが話をしやすいことがあるもの。なぜか初対面の人に、悩み事を話してしまった経験がある人もいるのではないでしょうか。

　自分をよく知らない、まったく関係ない人のほうが、利害がからまないので、話しやすいことがあります。相手から客観的な意見が聞けるので、意外にスッキリすることがあります。

アドバイス　ツイッターなどのSNSでは共感した人たちの同意も得やすいが、なかには辛辣なことやいやがらせのような書き込みをする人もいるので、そうしたリスクがあることも知っておく。

不眠を気にしない

単に横になっているだけでも大丈夫

〝寝たふり〟をすれば大丈夫

敏感な人は不眠に悩まされる傾向があります。もともと心身が疲れやすいのですが、そのうえ寝不足が続くと、ただでさえ高ぶりやすい神経がさらに敏感になります。布団に入っても音や光、振動などの刺激が気になって眠くなってきません。一方で、「眠らないと」と焦《あせ》ります。その結果、まったく眠気が遠ざかってしまうという悪循環に陥ります。

こんなときには、まず〝寝たふり〟をしましょう。布団にじっと横たわり、目を閉じているだけのこと。寝たふりをしているうちに、眠りつけることもあります。

視覚情報を遮断すると脳が休まる

寝たふりをしたまま、たとえ眠れなくても、横になっているだけで疲れはとれます。

疲れは脳が刺激や情報を処理することで生まれるものですが、その情報の8割は視覚から入ります。ですから、目を閉じて視覚からの情報を入れなければ、それだけで脳は休まります。

ただし、刺激に敏感なので、寝室は静かで暗い環境に整えます。

また、自分の内側からの刺激にも敏感で、心配事があると神経が高ぶりやすくなります。眠る前に軽いストレッチや瞑想などをして、気持ちを落ち着かせる方法も試してみましょう。

敏感すぎてふだんから寝つきが悪い人が多いのですが、眠ろうと焦るのは禁物です。

アドバイス　寝酒は逆効果。アルコールには眠りを浅くする作用がある。入眠しやすくても、眠りつづけることができず、夜中に何度も目がさめる。また、アルコールの量が徐々に増える危険性もある。

寝る前に軽いストレッチを

緊張がとれていないと眠気が起こりません。体をほぐすと心もほぐれてきます。布団に寝たままでよいので、軽くストレッチをしてみましょう。

手

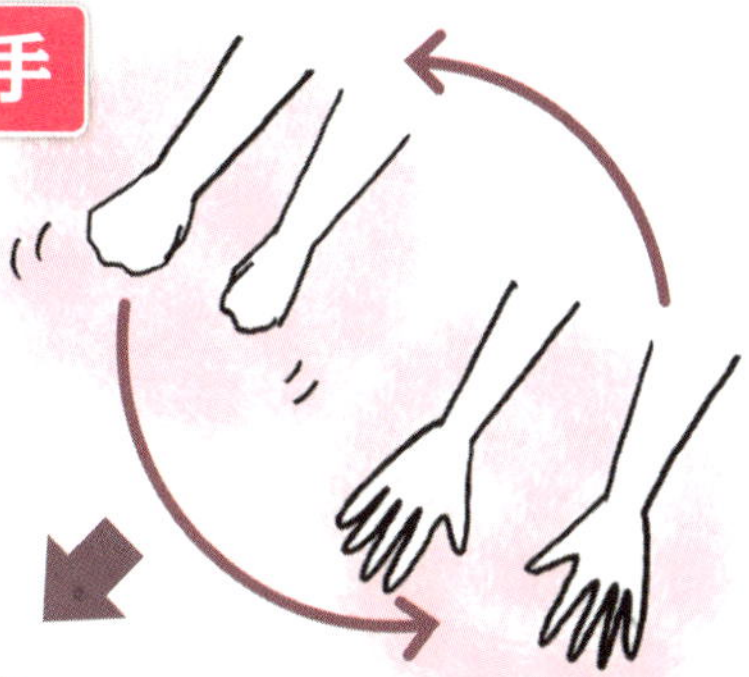

利き手と反対側の手をグー・パー。次に利き手。ポイントはパーのとき、一気に力を抜く。数回くり返す。

足

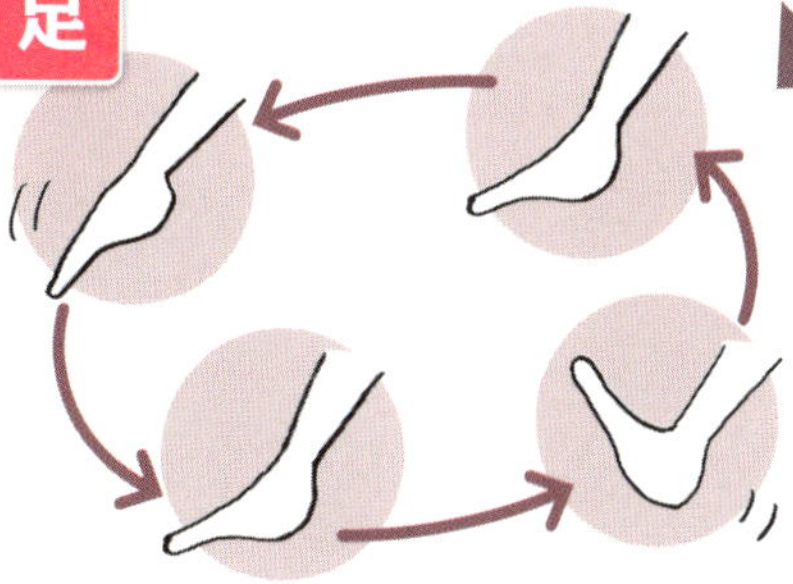

片足ずつ、足の指をグー・パー。続いて、足首を曲げて脱力、伸ばして脱力。数回くり返す。

肩

あおむけに寝たまま肩をすくめ、一気に脱力。数回くり返したら、全身脱力して深呼吸を数回くり返す。

よく眠れた

翌朝は……

起きたら「よく眠れた」と声に出して言う。自己暗示にかかって、眠れたような気になるからだ。また、もう少し寝ていたいと思っても、同じ時間に起きることも大切。就寝と起床の時間を体に覚えさせよう。

＊体内時計　人間の体には、休息と活動のリズムを刻む体内時計があり、自然な状態では１日は25時間になる。布団に入る時間を一定にしないと、１時間ずつずれる。時計は朝の光をあびるとリセットされる。

コラム

ふわふわしたものを抱えると癒される

イライラしたとき、寂しいとき、心細いときには、ふわふわした感触のものに触れてみましょう。クッション、ぬいぐるみ、毛布、毛皮などを抱えると、ホッと安心できます。

これは、動物学者のデズモンド・モリスによれば、チンパンジーの赤ちゃんを使った実験でも証明されています。赤ちゃんに驚かせるなどの刺激を与えると、ミルクの出る器械より、ミルクが出なくても毛皮のほうにすがりつくことがわかりました。

人間もやわらかく温かい刺激にふれることで、触覚から安心感を得られるのは同じこと。161ページで紹介したような、ひとりでボーッとするとき、何かふわふわしたものを抱えていると、よりリラックスできるでしょう。

敏感な人はひとりでゆっくりする時間が必要だが、そのとき、ふわふわなものを抱えて過ごそう。

第7章

ラクに生きるためのスキルを身につけよう

ストレスに押しつぶされそうなとき、
考え方を少し変えたり、
体を動かしたりすることで
グンと軽くすることができます。

自分を落ち込ませる
3つの言葉を使わないで

はい
ネットで
見たときに
自分のことみたい
だなって思ったんです
HSPの人は
とても
「いい人」が多い
知らず知らずに
無理をしてしまい
疲れるんです
もう無理ー!
ニコニコ
もしHSP
だったら
どうしたら
いいんでしょう?
HSPは病気では
ありません
治すような
ものでは
ないんですよ
ただ、
うまく
つきあう
方法を
知っておくと
いい
でしょうね
うまく
つきあう?
ひごろ
使わない
ほうがいい
言葉が
3つ
あります
3つの言葉

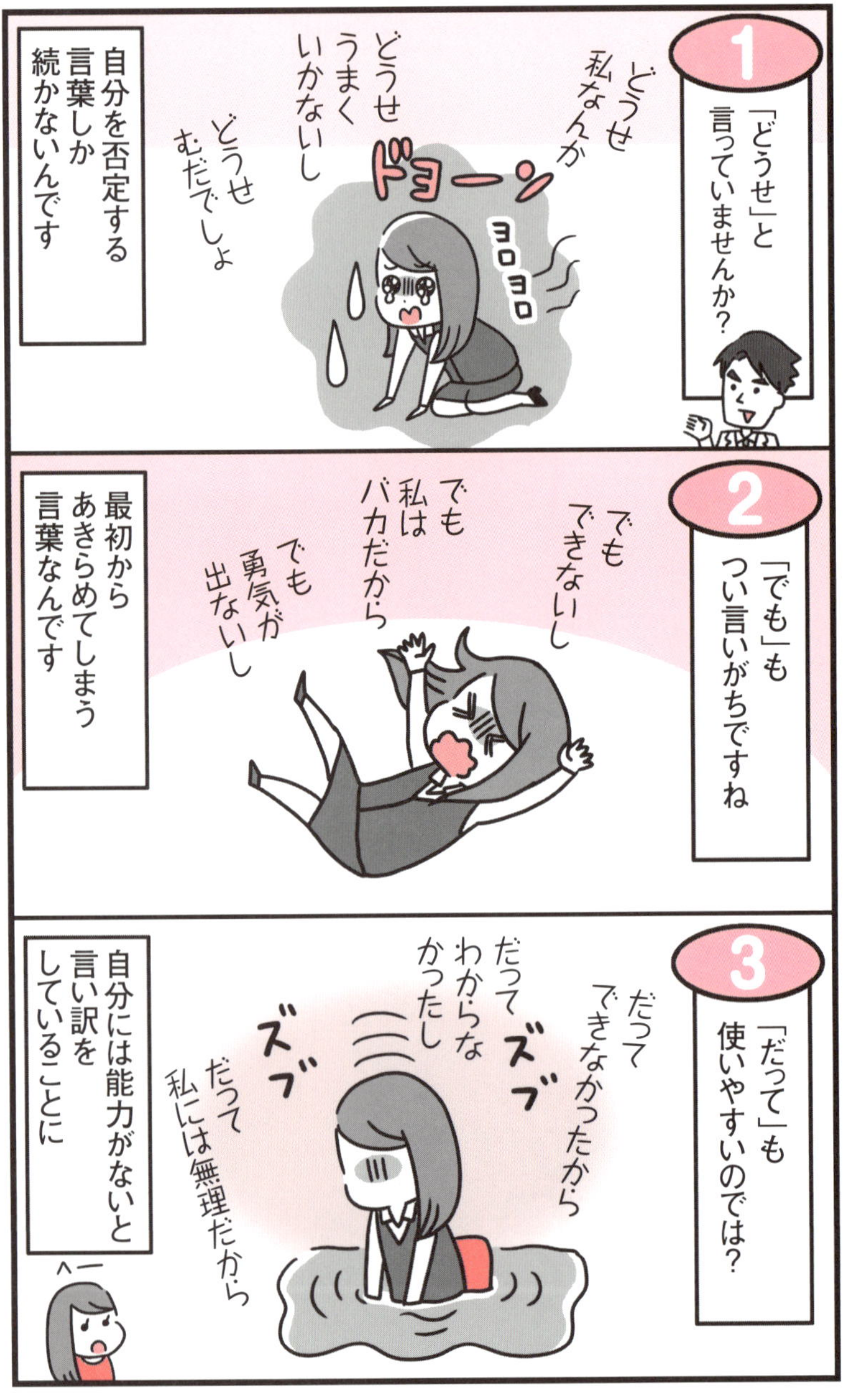
1
「どうせ」と言っていませんか?
どうせ私なんか
ドヨーン
ヨロヨロ
どうせうまくいかないし
どうせむだでしょ
自分を否定する言葉しか続かないんです
2
「でも」もつい言いがちですね
でもできないし
でも私はバカだから
でも勇気が出ないし
最初からあきらめてしまう言葉なんです
3
「だって」も使いやすいのでは?
だってできなかったから
だってわからなかったし
ズブ
ズブ
だって私には無理だから
自分には能力がないと言い訳をしていることに
へー

そういえば口グセになっていたかも! 自分を客観視してみます! 自分を否定したくないもの!
いつもみっちゃんがしてくれるみたいに…
なんか希望が見えてきたかも…
キラ キラ
忘れないように書いておこう
まぁまぁ慌てずに
カリカリ
通院はしなくていいですよ 自分でできることはいっぱいあります
はい!!
○△メンタルクリニック
ウィーン
できることを探してみよう!

言葉の力

まず最初に「よかった」と自分に言う

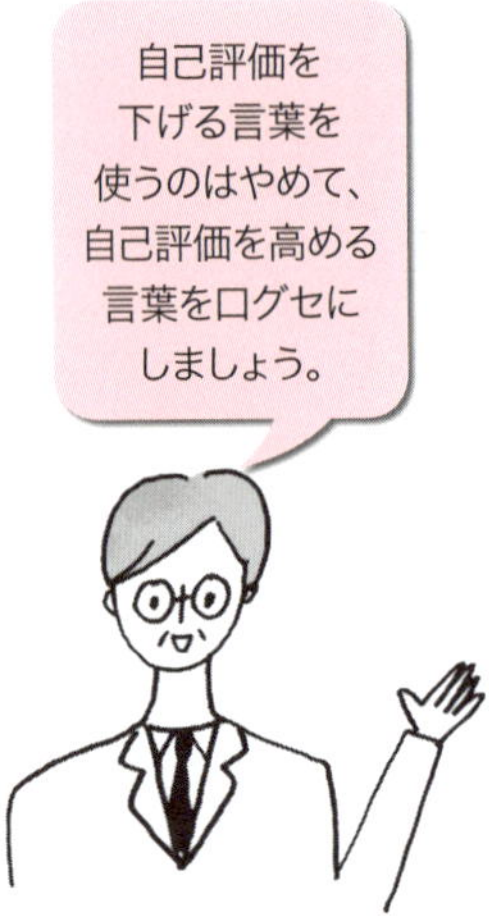
自己評価を
下げる言葉を
使うのはやめて、
自己評価を高める
言葉を口グセに
しましょう。

●言葉ひとつでプラスにもマイナスにも

自分を否定する言葉の代表は「どうせ」「でも」「だって」の3つです。自分には能力がない、自分なんか役に立たないと思い込んでいるので、日常的につい出てしまうのでしょう。けれども、その口グセが、いっそう自分の評価を下げてしまいます。

言葉には言霊《ことだま》があると聞いたことがありませんか。言葉は人の心に影響する力をもっています。言葉の力は大きいのです。

言葉の使い方によって、同じことがプラスにもマイナスにもなります。例えば、雨がふっている日に「雨の日は潤《うるお》う」と言うのと「雨の日は憂うつ」と言うのでは大違い。雨がふるのは単なる自然現象ですが、言葉によって、その日の気分が大きく変わります。

●「よかった」からスタート

マイナス気分にさせる言葉を使わないようにして、最初にプラス気分になれる言葉を言うようにしましょう。

最適な言葉は「よかった」です。口に出さず、心の中で唱《とな》えるだけでもかまいません。

仕事でミスをしたときも「よかった」と考えます。すると、上司には「注意するポイントがわかりました。これから同じミスをしないよう気をつけます」と言うことができます。

プラスα 「すみません」「申し訳ありません」とすぐに言うのも要注意。何でもすぐに自分のせいだと感じてしまう人の口グセになっていることが多い言葉。

プラス思考はプラスの言葉から

日ごろマイナス言葉を使っていると、マイナス思考を呼び込みます。プラス言葉を使って、プラス思考にしていきましょう。

マイナス言葉

どうせ
でも
だって
私なんか
せっかく

マイナス思考

自己否定の言葉が続くので、同じ状況でも、受け取り方が変わってしまう。この言葉を聞いた相手も、気持ちが沈む。言葉の力は口に出すほうにも耳にするほうにも及ぶ。

プラス言葉

最高だ
よかった
すごい
ありがとう
癒《いや》された

プラス思考

言うほうも聞いたほうも元気になれる言葉。明るく言うこともポイント。自分を励ますには、口に出さずに心の中で唱えるだけでもいい。

楽しい！
ワクワクする
ハッピー！
がんばろう！
おもしろい！

ステップアップ

アマノジャク戦法

感じたことを逆転させてから口に出す方法。「今日は疲れたな」と感じたら、「まだまだ元気だ」と言ってみます。「私ってダメだ」と感じたら「私にはできる」という具合。反対の言葉が耳に入り、言霊の力で、徐々に気分が変わってきます。

プラスα 自分を励ますせりふもある。「今日はいい日だ」「運がいいのかも」「明日もがんばろう」「きっとうまくいく」など。1日の始まりや終わりに言うと、元気になれる。

ペルソナ

外に出るときは仮面をつけるのもテ

●会社では仮面をつけて仕事をしても

人間関係がうまくつくれないと感じている場合、とても敏感であるために、自分をさらけ出すのがこわいという理由もあります。自己開示ができず、心の扉を閉めていては、相手もうちとけることはできないでしょう。

ところが、仕事の場では、会議や打ち合わせ、相談など、人とのかかわりが要求されます。

そういうときペルソナ（仮面）をつければいいと、アーロン博士は提案しています。ペルソナはユングが提唱した言葉で、自己の外的側面といった意味です。もともとは古代ローマの演劇で使われた仮面のことといわれます。

●仮面をつければ素顔を見せないでいい

意識するかしないかは別として、誰もがペルソナをつけて生活しています。特に職場ではペルソナをつけている人がほとんどでしょう。

とても敏感な人は、素の自分を出そうとして、苦しんでいたのかもしれません。けれども、仮面をつけて、その役割を演じればいいのです。自分がこうなりたいと目標にするようなタイプの仮面をつけるといいでしょう。

仮面は朝、家を出るときにつけて、帰宅したらはずします。そうすれば仮面の下の素顔は見せないですみます。仮面をはずしたら、「今日も一日ご苦労様」と、自分をいたわりましょう。

素の自分をさらけ出すのがこわい人は、仮面をつけるのもひとつの方法です。

＊モデリング　精神科でも使われる方法。自分が見習いたい人をモデルにして、同じような言動をすることで、自分を変えていく。まねることは学ぶことにつながる。

別の自分を演じよう

どんなタイプの人間が要求されているか、空気を読むことが得意な人にはわかるはず。その仮面をつけると過ごしやすくなるでしょう。

仮面=ペルソナ

落ち着いて現実的なタイプ

明るくてキビキビ動くタイプ

しっかり頼りになりそうなタイプ

あなたはどんな仮面をつける? ただし、仮面の姿に縛られて苦しむことがある。仮面を脱ぐこと、ときには取り替えることも考えよう。

あくまでも目安です

うまくいっているかどうかが夢に出ることも

ユングは、ペルソナを演じるのに無理をしていると夢に現れることがあるという。例外もあるので、参考程度に。

怪物と戦う夢	相手は父親や母親のイメージ。怪物が強いなら、自分を確立しようとしている。
飛ぶ夢	自由や万能感を求めている。
落ちる夢	「調子がよすぎる」と自分に警告している。あるいは失敗をおそれる不安の現れ。
同年代の同性が出てくる夢	自分の分身。現実の自分と違う言動をしているのは、自分の隠された欲求が現れている。

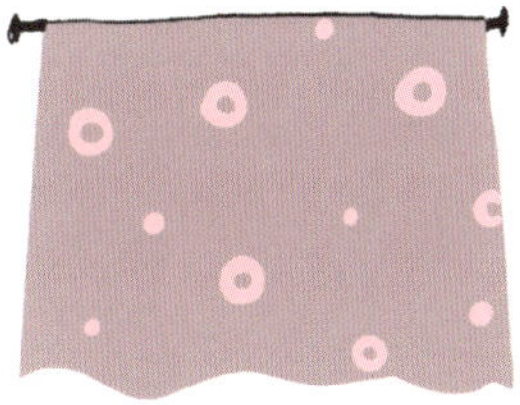

＊セルフトーク　自分を表現する言葉。ネガティブなトークは自分に悪影響を及ぼす「悪魔のささやき」となる。「私はやさしい」「私は内面が豊か」など、ポジティブなトークで自分を高めよう。

ストレスコーピング

苦手なストレスを上手にかわす

●ストレスをゼロにするのは不可能

誰でも、人は毎日の生活でさまざまなストレスにさらされています。ストレスのもとになるものを「**ストレッサー**」といいますが、その種類や感じ方は人によってさまざまです。

代表的なストレッサーには、人間関係の悩みや職場の環境、仕事のノルマなどによる精神的なストレス、長時間労働に伴う心身の疲労などもありますが、繊細な人にはささいなことでもストレスになってしまいます。

しかも、こうしたストレスをまったくなくすことは不可能です。とはいえ、がまんしすぎると心身の不調を招きます。

そこで知っておきたいのが、**ストレスコーピング**という方法です。コーピングには〝対処する〟という意味があります。

敏感な人は
ストレスに弱い。
ストレス回避術
で自分を
いたわり
ましょう。

●ストレスの軽減や回避ならできる

ストレスはゼロにできなくても、ストレスコーピングによって少しでも軽減したり、上手に回避することはできます。

ストレスコーピングには、「**問題焦点《しょうてん》型コーピング**」と「**情動焦点型コーピング**」という大きく2つの種類があります。

問題焦点型はストレスの原因に直接アプローチし、情動焦点型はストレスの受け止め方によって対処する方法です。

アドバイス　ストレスで胃が痛いときや、緊張するときは、リラックスして気分を落ち着かせるケアを。逆に怒りやイライラをグッとこらえるようなストレスは、スポーツやカラオケなどで発散させる。

ストレスへのアプローチのしかたが異なる

問題焦点型コーピング

ストレッサーに直接アプローチして改善を試みる方法。ストレッサーそのものに働きかけて、変えたり軽減したりする。問題に正面からぶつかることになるので、原因が対人関係の場合は取り組むのにかなりの勇気がいる。

情動焦点型コーピング

ストレッサーそのものを変えたり、軽減したりできないときに、自分の受け止め方を変えることで対処する方法。自分の考え方や感じ方を見直してストレスをかわすので、ストレッサーが対人関係のときに有効。

ストレッサーと
直接向き合って解決

例えば、ストレスの原因が職場の雑音であれば、耳栓をすればいい。会議での発言が不安でストレスを感じるときは、事前の準備をしっかりすれば軽減できる。

ストレッサーではなく、
自分を変える

対人関係の悩みは直接本人と向き合うとこじれる心配があり、自分を変えるほうが確実。苦手な相手とはビジネスライクに距離をとり、不機嫌さをぶつけてくる人には“私のせいではない”とスパッと割り切る。

気晴らしや
リラクゼーションと組み合わせる

自分の感じ方や考え方を切り替えても、なかなかスッキリ解消しないこともある。ストレスがたまっていると感じたら、自分が好きなことで気晴らしや気分転換をする。

アドバイス　手っ取り早くその場でストレスを軽減するには、好きなアイドルのことを考えたり、後でご褒美にケーキを食べようなどと自分の好きなこと、やりたいことを頭に思い浮かべたりするだけでも有効。

アドラー心理学

自分らしい人づきあいの方法を知る

過敏な人には
対人関係の悩み
が多いので、
アドラー心理学に
基づく対処法が
参考になります。

●敏感で繊細なので人づきあいは難題

人間関係の悩みは大なり小なり誰もが抱えていますが、敏感さから人づきあいが苦手な人にとっては特に強いストレスになります。

他者との境界線のもろさ、偏った考え方・感じ方のクセ、誰にも本音を言えないこと、何でも自分のせいにしてしまう考え方などが大きく影響するため、他者とのつきあいは人一倍苦労が多いのです。

逆に言えば、人づきあいの悩みが軽減されれば、敏感さがあっても生きづらさは大きく改善できるということ。そのひとつの方法として参考にしたいのが「**アドラー*心理学**」です。

●アドラー心理学は苦手克服に役立つ

アドラーはフロイトやユングと同時代に活躍した心理学者で、「**個人心理学***」を提唱しています。その中でアドラーは、人の悩みのほとんどは対人関係の悩みだと説いています。

そして対人関係の悩みを突き詰めていくと、その根本にあるのは相手の行動が理解できないことが原因だとしています。

アドラー心理学では「目的論」を提唱し、相手の目的を知ればその行動も理解でき、悩みを解消するのにつながるとしています。さらに、自分の目的を上手に修正することで、自分が変わる手助けにもなると教えています。

*アルフレッド・アドラー（1870～1937）　オーストリアの精神科医。アドラー心理学は“勇気の心理学”とも言われ、自分を変えて、よりよく生きていくための実践法を数多く説いている。

過敏な人の悩み解決に適している

自分をダメな人間だと思ってしまうとき

ちょっとした失敗でも自分を責めて、はげしく落ち込んでしまいがち。そのため、自己評価や自己肯定感が低く、生きづらさが増すことになる。

挫《ざ》折《せつ》や劣等感を上手に利用する

失敗や挫折は、次にどうすればよいのかを考えるチャンスだととらえる。自己評価や自己肯定感の低さからくる劣等感は、“じゃあ、どうするか？”という方向転換のために利用する。

仕事をひとりで抱え込む

過敏なので、人から仕事を頼まれると断れず、無理をしてでもやり遂げようとする。そうしないと認められないとか、頼まれたことは何が何でもやるべきといった考え方のクセの影響による。

同僚や後輩への助けの求め方

自分の仕事以外のものは、部署内の共同の仕事として同僚や後輩にも手伝ってもらう。“いい人”にならず、仕事を早く終わらせるという目的のために“建設的な人”を目指す。

自分の意見を言えない、他人を優先する

相手の気持ちや場の空気を敏感に察し、和を乱さないようにしようとする。また、他者との境界線がもろく、相手に流されやすいところもあり、自分の本音を言えない。

相手も自分もハッピーになるように交渉する

自分の意思ばかり押し通そうとすると衝突するので、お互いの意見を受け入れ、そのうえでどうすればそれが実現可能かを交渉する。つまり、“Win・Win”を目指す。

以上は一例で、アドラー心理学では考えの切り替え方を教える実践的な方法を説いている。

＊個人心理学　アドラーはフロイトやユングの意識・無意識に分ける考え方を否定。人は意識や無意識で分けることはできないとし、すべてをまとめて“一個人”としてとらえるべきだと考えた。

アンガーマネジメント

怒りをコントロールできるようにする

怒りにまかせてキレるのを避ける

ふだん自分の本音を押し殺し、〝いい人〟でいることを自分に強いて、怒りを飲み込んでいませんか。また、ほかの人が気にならないようなことが気になっても、がまんしていたり。

ところが、どうにも耐えられずに、怒りのスイッチが入ってしまうことがあります。

人間ですから、腹が立って怒りがわき上がるのは当たり前のことです。ただ、感情にまかせて怒りをぶちまけると、敏感さゆえ結局、後悔して自分を責めることになります。

そうならないようにアンガーマネジメントで対処するのです。

怒りをがまんするのではない

怒るときには、〝わかってもらえない〟〝これがいやだった〟といった、そもそもの原因があります。それが自分が伝えたい気持ちです。

アンガーマネジメントは、無理やり怒りを抑えつける方法ではありません。怒りをコントロールしたうえで、自分の本当の気持ちを相手に伝える手段です。

怒りをコントロールするには、自分の地雷、つまり、どんなことに腹を立てやすいのかを把握しておきます。カチンときたとき、ムカッとしたことをメモしておくと、自分の怒りのポイントに気づくことができます。

怒りを無理に抑え込むのではなく、上手に気持ちを伝えるとラクになります。

プラスα 怒りにまかせてぶち切れてしまうと相手も怒りをぶつけてくるため、さらに怒りがエスカレートしやすい。お互いにキレると収拾がつかず、どちらも不愉快になるので避ける。

アンガーマネジメントの方法

怒りがわいたら
ちょっとだけがまん

怒りのピークは長くても6秒ほど。ここで感情を爆発させないように、ほんの少し耐えてみよう。

↓

その間に

- 目を閉じる
- 心の中で1から6までゆっくり数える
- 自分が今やらなくてはならないことは何かを考える
- 深呼吸する
- 怒りを静めるおまじないの言葉を決めておき、それを唱える
- 水を飲む

このうちの1つで、怒りのピークをうまくやりすごす。

↓

気持ちを整理する

怒りの原因となった自分の気持ちや本音を整理する。何が原因で、自分がどう感じたから腹が立ったのかを客観的に考えてみる。

→

相手に伝える

気持ちが落ち着いたら、相手に自分の要望を伝える。どうしても怒りがおさまらないときは、感情のままにぶつけるのではなく、「私は怒っている」と素直に伝える。

アドバイス　自分の気持ちを伝えるときは、「私は」を主語にするとよい。「あなたは」を主語にすると、相手を責めるような口調になり、ケンカに発展しかねない。

タイムアウト法

イライラしたときに気持ちを落ち着かせる

●その場を離れてクールダウンさせる

敏感で、わずかな刺激でも動揺しやすい人は、イライラすると頭が真っ白になってしまうことがよくあります。そのままだと仕事が手につかないので、動揺を鎮《しず》めて自分のペースを取り戻す時間が必要です。

タイムアウト法はもともと子どものしつけの方法として行われていますが、大人にも応用できます。落ち込んだとき、気持ちを切り替えたいときにも有効です。数分間その場を離れ、ひとりになって頭をクールダウンさせましょう。

急いで仕事に戻らなければと焦《あせ》るかもしれませんが、動揺したままだと余計なミスをしがちです。ほんの数分間なので、気持ちを落ち着かせることを優先しましょう。

●敏感な子どものしつけにも適している

タイムアウト法は、HSC（highly sensitive child：とても敏感な子ども）のしつけにもよく用いられています。はしゃぎすぎて神経が高ぶって落ち着きがないときや、かんしゃくを起こしたときなど、気持ちを落ち着かせるために別室や部屋の隅に座らせ、数分間ひとり静かにすごさせるのです。

繊細な子どもは大声で叱られるとびっくりして萎縮《いしゅく》することがあるので、叱らずに注意を促せるタイムアウト法が適しているのです。

アンガーマネジメントの方法のひとつです。落ち込んだときにも効果的です。

プラスα 職場や学校に逃げ場所がないとき、その場を離れられないときは、心の中で好きなことやリラックスできることを思い浮かべ、そこに意識を集中させて外の世界を遮断する。

怒りや混乱は離れた場所で鎮める

刺激のもとになる人や場所から離れる

その場にとどまると感情があふれたり、ケンカになったりしやすいので、「ちょっと失礼します」と一声かけ、一旦その場から離れたほうがよい。

- トイレの個室
- 屋上や静かな公園
- 空いている会議室、教室
- 休憩室・ロッカールーム
- 給湯室

↓

数分間じっとしていると気分が落ち着いてくる

ただでさえイライラやパニックで神経が高ぶっているので、できるだけ静かで刺激が少ない場所がよい。ふだんから職場や学校でひとりになれる場所を探しておくといざというときに安心。

↓

冷静に対処できそうになったら戻る

怒りのピークは6秒ほどで鎮まるので、それをしのげばよい。余計なことを考えず、頭を空っぽにするように心がける。

できるだけ静かにひとりになれるところを

気持ちが落ち着いたら持ち場に戻り、問題に対処する。

アドバイス 空腹だとイライラしやすい人は、飲食が禁止されていない職場ならキャンディやチョコレート、ガムなどを用意しておく。甘いものを一口食べるだけで気持ちが落ち着くことがある。

マインドフルネス瞑想

脳を空っぽにして完璧なリラックスを

●瞑想による精神療法の一種

マインドフルネス瞑想は、静かに意識を集中することで自分を知り、その自分を丸ごと受け入れる方法です。

もともと「マインドフルネス」は、「心にとどめておくこと」「気がつくこと」といった意味の仏教用語です。マインドフルネス瞑想は瞑想法のひとつですが、アメリカから逆輸入されて、近年精神療法としても注目されています。

マインドフルネス瞑想は日本人にはぴったりです。座禅という文化があり、静かに目を閉じて気持ちを落ち着けることが、細かいやり方を説明されなくても、自然にできるからです。

●脳を休ませ、疲れがとれる

マインドフルネス瞑想が受け入れられたのは、脳科学との関係もあります。瞑想の効果についての研究が進むなかで、長期間瞑想を続けている人たちの前頭前野《ぜんとうぜんや》が厚くなっていることがわかりました。前頭前野は、おでこの奥にあたる脳の部分で、思考や判断などを司る、人間らしさが宿る部位です。マインドフルネス瞑想を行っている間は、ここが休んでいるのです。

過敏な人は多くの刺激が脳に入り、疲労困憊《こんぱい》しています。ぜひ、マインドフルネス瞑想を習慣的に行って脳を休ませ、ストレスを減らし、疲れをとってください。

気持ちを落ち着け、マインドフルネス瞑想を行えば、完璧なリラックスが得られます。

瞑想の効果① 記憶力がアップ。脳の海馬という部位は記憶を司る。瞑想を行うと海馬の体積が5%も大きくなったという報告がある。

マインドフルネス瞑想のやり方

やり方は簡単で、誰にでもできます。静かな部屋で、椅子に座って行います。呼吸に意識を向け、雑念を手放すことが基本です。

10分でアラームが鳴るようにセットする

↓

背もたれのある椅子に座り、背筋を伸ばして、ゆったりした気分でリラックス

↓

手はひざに置き、目は薄く開いて斜め下あたりをぼんやりと見る

↓

そのまま自然な呼吸を続ける

↓

アラームが鳴ったら、静かに目を開いて終わる

雑念は「ああ雑念がわいている」と感じるだけで、無理に打ち消そうとしないでいい
腹式呼吸でなくてもいい。自然な呼吸をしながら呼吸に意識を向ける。吐く息のほうを、より意識する

10分のアラームは目安。慣れてきたらアラームをセットしなくていい。

瞑想の効果② 脳の休息。瞑想中は脳波のうち、アルファ波が多くなり、ベータ波が減少したという報告がある。ベータ波は日中に情報処理しているときに出る脳波。

レッスン

自宅でできる瞑想法で脳をオフラインに

マインドフルネス瞑想で、頭を空っぽにするのが難しいと感じる人は、何かよりどころになるものを設定するといいでしょう。植物や炎などの自然の力を借りる瞑想と、マイナスの気持ちを流すイメージをする瞑想を紹介します。

見るともなく見つめ、考えるともなくボーッとするとき、雑念にとらわれることなく、脳は休んでいます。心が解放され、深いリラックスと活力が得られるでしょう。

マインドフルネス瞑想だけでなく、少し変化をつけたこれらの瞑想法も楽しんでください。

植物の力を借りて

花を見つめる瞑想

植物には人を癒《いや》す力があります。自然の中で樹木や花を見つめる瞑想でもよいのですが、自宅で行うなら、花瓶の花を見つめる瞑想ができます。花に集中するというのではなく、花そのものをぼんやりと観察するように楽しんでください。

ラクな姿勢で座り、花を見つめる。「きれいな色だ」「いい香り」など、さまざまな感想が浮かんでくるが、それらにとらわれないで。手でふれてもいい。

炎の力を借りて

キャンドル瞑想

ゆらゆら揺れる炎を見つめる瞑想です。炎を見つめていると、ほかのことを考えられません。自然なキャンドルの炎が最適ですが、ＬＥＤのキャンドルでもいいでしょう。アロマキャンドルは炎以外のことも考えてしまうので、あまりおすすめではありません。

10分ほどで燃え尽きる長さのキャンドルを使うとよい。ラクな姿勢で座り、炎を見つめる。「揺れている」など、ぼんやりと思うだけで。半分薄目にして見ていてもいい。

悲しみを流す

せせらぎの瞑想

つらい思いを葉っぱに乗せて流すイメージをする瞑想です。ネガティブな感情がいくつもあるなら、何枚もの葉っぱを流します。イメージだけなのに、瞑想がすんだときには心がスッキリしているから不思議。実際に川のせせらぎが聞こえる場所で行ってもいいでしょう。

体の力を抜いてリラックスし、川が流れているイメージをする。川のほとりの樹から葉っぱをとり、つらい思いを乗せ、そっと川に流す。流れ去るのを見届ける。

腹式呼吸／自律訓練法

自律神経のバランスを自分で整える

●自律神経が乱れると体調不良に

自律神経は交感神経と副交感神経からなります。交感神経が優位になるとき、体は緊張モードになり、副交感神経が優位になるときには、体はリラックスします。人間の体では、常にどちらかが優位になり、入れ替わることで健康を保っています。ですから、そのバランスが乱れると、さまざまな不調を招きます。

ストレスが多い生活では、常に交感神経が優位になっています。特に過敏な人はあれこれ気をつかいつづける毎日。緊張状態が続くのですから、体は休まるときがありません。不眠、高血圧、頭痛、胃腸の不調などが現れます。

●自律神経を整える2つの方法

自律神経は自分の意志ではコントロールできませんが、呼吸を整えることで調整が可能です。腹式呼吸は慣れてしまえばむずかしい方法ではありません。ストレスを感じたときなど、腹式呼吸を行えばラクになります。

また、自律訓練法はドイツのシュルツという精神医学者が考案した、100年近い歴史のある方法です。精神科の治療法としても用いられ、不眠にも効果があります。

これら「静」のエクササイズは、リラックスすることで副交感神経を優位にし、ストレスに負けない心身をつくる方法です。

自律神経を
自分で調整する
には、呼吸が
ポイントです

プラスα ストレス解消には姿勢も大事。猫背では疲れやすく、ネガティブな気持ちもためこんでしまう。背筋を伸ばしてまっすぐ立つこと。

自律神経を整える

むずかしいエクササイズではないので、誰でも自宅でできます。瞑想法と組み合わせて行ってもいいでしょう。

腹式呼吸

椅子に座っても、あおむけに寝て行ってもかまいません。息を吐くほうが先です。ネガティブなものを吐き出すように意識します。

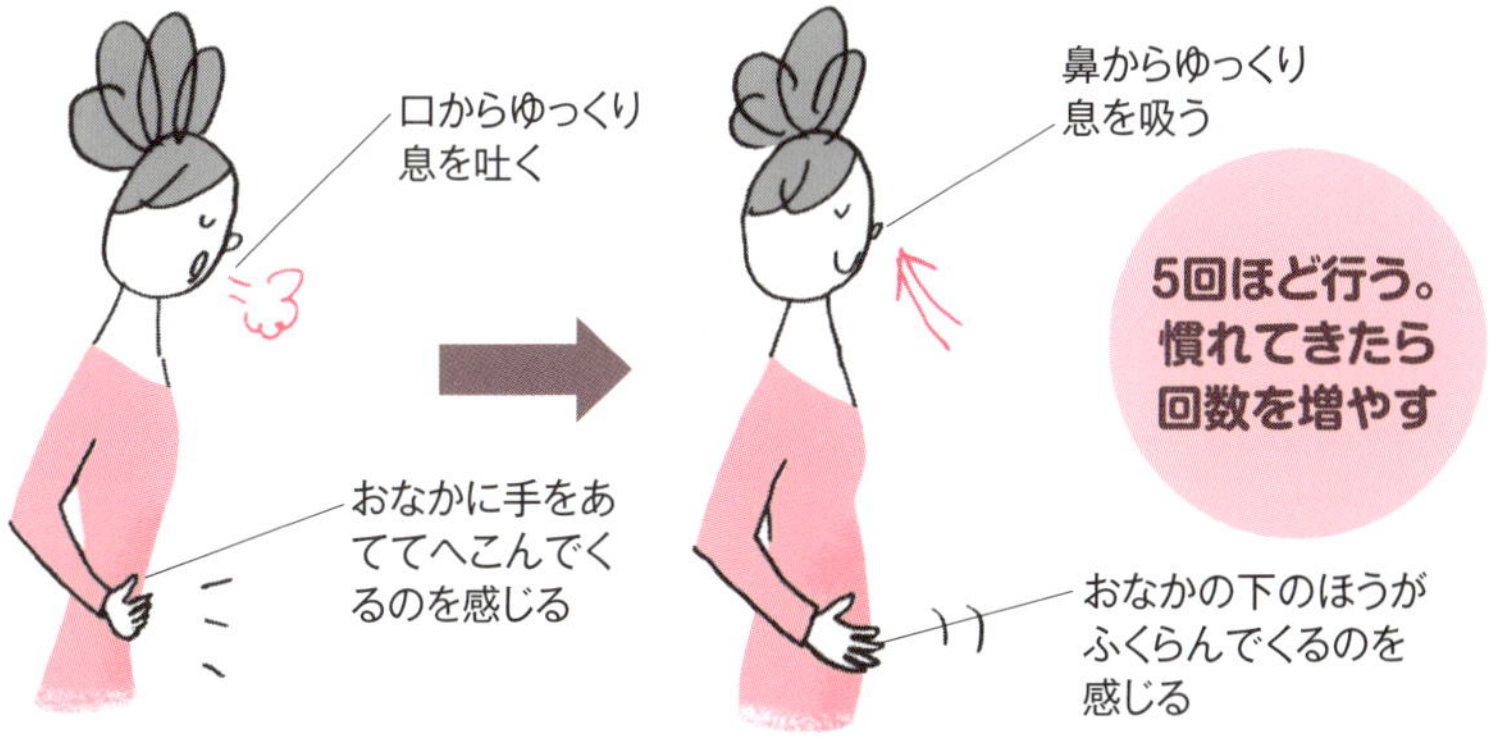
口からゆっくり
息を吐く
おなかに手をあ
ててへこんでく
るのを感じる
鼻からゆっくり
息を吸う
5回ほど行う。
慣れてきたら
回数を増やす
おなかの下のほうが
ふくらんでくるのを
感じる

自律訓練法

椅子に座るか、あおむけに寝て行います。軽く目を閉じて、ゆっくり呼吸をしながら、心の中で言葉を唱えたり、意識します。

①「体がリラックスして気持ちいい」と3回唱える
②「右手が重くて気持ちいい」と3回唱える。左手も同様に（利き手から始める）
③右足、左足も同様に
④「両手両足が重くて気持ちいい」と3回唱える
⑤「右手が温かくて気持ちいい」と3回唱える。左手も同様に
⑥右足、左足も同様に
⑦「両手両足が温かくて気持ちいい」と3回唱える

＊丹田　腹式呼吸で息を吸い込むとき、丹田（たんでん）にためるように意識するとよい。丹田は、おへその下、指幅3本分ほどの位置。全身のエネルギー発信基地のような部分。

体の力を抜く 筋肉弛《し》緩《かん》法で心の疲れをとる

心身の緊張をとろうといっても、自分が緊張しているかどうかわからないという人もいるでしょう。そのようなときには、一度力を入れて緊張させてから一気に力を抜くと、リラックスの感覚がわかります。

筋肉弛緩法は、いずれも10秒ほど力を入れたあと力を抜き、20秒ほど脱力感を楽しみます。

顔 目、口などを顔の中心に集めるように力を入れ、脱力

手 親指を中に入れてグーにして握りながら、両腕を伸ばして力を入れ、脱力

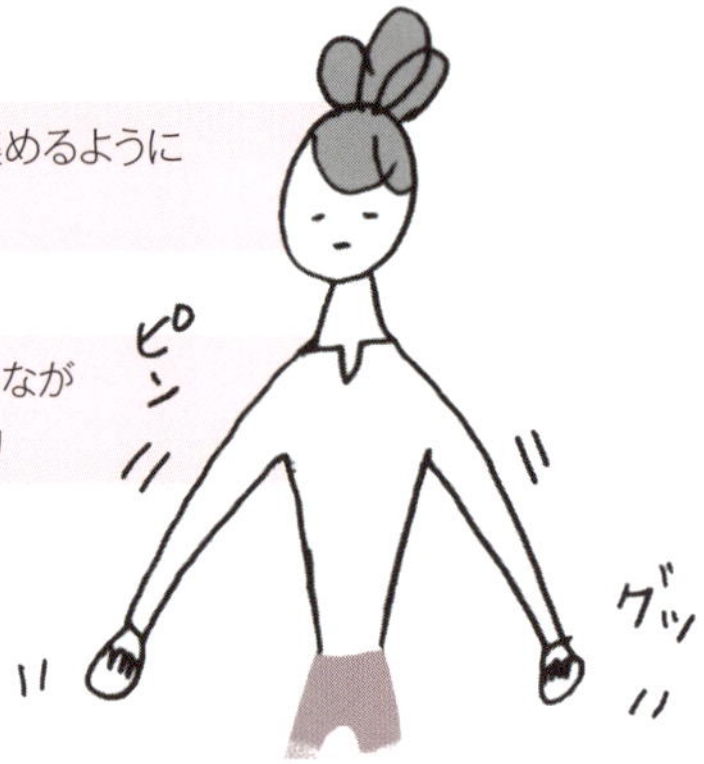

上腕 ひじを曲げて、握りこぶしを肩へ引き寄せながら力を入れ、脱力

肩 両肩をすくめるように力を入れ、脱力

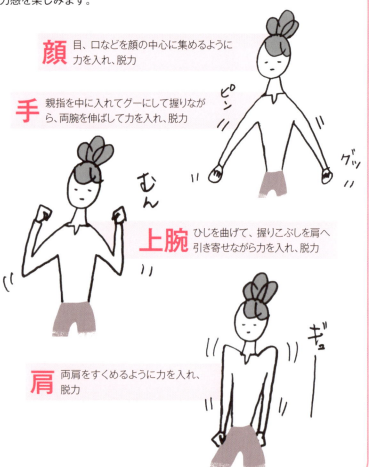

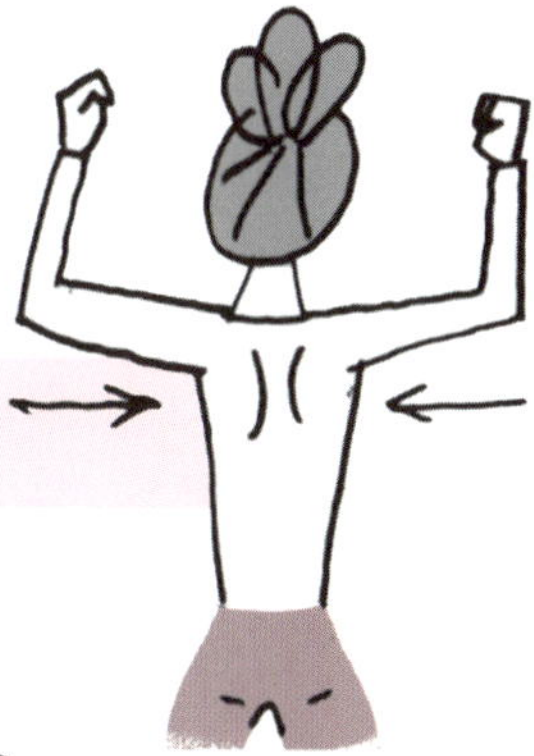

背中

ひじを曲げて、肩甲骨を寄せながら背中に力を入れ、脱力

首

右を向いて力を入れ、脱力。左へも同様に

おなか

手で軽く押し、その手を押し返すようにおなかに力を入れ、脱力

足

ふくらはぎに力を入れ、脱力。次につま先まで足を伸ばして力を入れ、脱力。次につま先を曲げてアキレス腱を伸ばして力を入れ、脱力

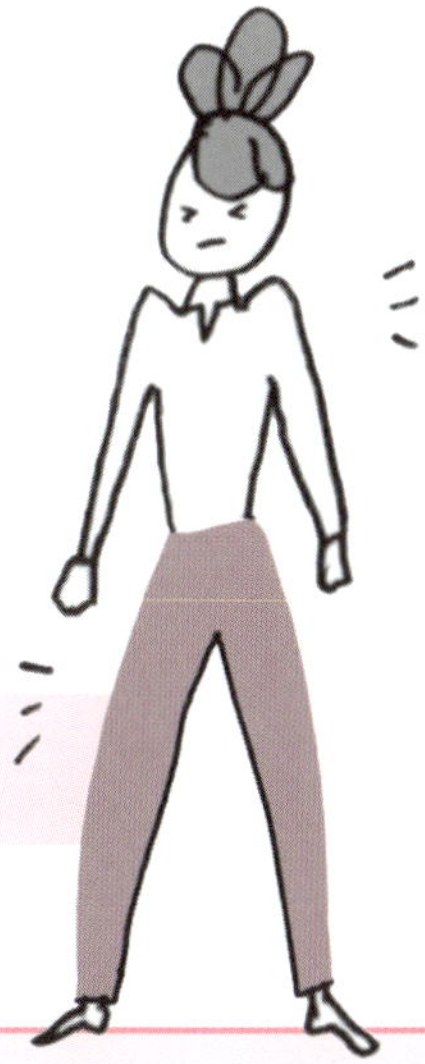

全身

おしりも含めて全身に力を入れ、脱力

アクティブレスト

積極的に疲れさせ、疲労や緊張をほぐす

●もとはアスリートの疲労回復法

アクティブレストとは〝積極的な休養〟という意味のとおり、脳や体を動かすことで疲労を回復させる方法です。もとは肉体を酷使《こくし》するアスリートが疲労回復のために行う方法で、疲れたからといって安静にするのではなく、あえて軽めの運動をすることによって疲労を早く回復させようとするものです。過敏な人のストレス緩和にも応用できます。

アクティブレストでは、ふだん使っている部分の負荷を軽めにすることで休ませたり、いつもは使わない部分を意識して使ったりすることで心身の疲労を回復させます。

●軽い運動やおしゃべりが有効

アクティブレストは、脳や体のある場所を意識して使うことで、疲れている部分を休ませる方法です。例えば、ストレスで心が疲れているときには、体に意識を向けて動かすことで心を休ませるのです。

また、友だちとのおしゃべりもリラックスするにはおすすめです。

ちなみに、ストレスが強いときは体内のセロトニンという物質が不足して気分の落ち込みや抑《よく》うつ、不眠などに陥りがちです。軽めの有酸素運動をするとセロトニンの分泌を促し、乱れた自律神経の働きを整える効果があります。

安静にしているよりも、動くほうが疲れがとれることがあります。

＊セロトニン　脳や消化管などに存在する物質。脳内では神経伝達物質の役割があり、不足するとうつ状態や不眠になりやすい。ウォーキングなどの軽めの有酸素運動で分泌が促される。

自分が心地よくできるものを選ぼう

瞑想が「静」のエクササイズなら、アクティブレストは「動」のエクササイズです。アクティブレストでは、心と体のそれぞれに上手にアプローチすることで疲労や緊張をほぐします。

心からアプローチ

音楽に合わせたダンス、リズミカルな呼吸、ストレッチなどを行って、心に意識を集中させることを入り口にして心身を休息させる方法。悩みすぎ、考えすぎのループから抜け出せないときに効果的。

体からアプローチ

体に意識を集中させることを入り口にして心身とも休ませる。ヨガやストレッチ、呼吸法のほかに、足湯や半身浴も○。ストレスや気疲れ、睡眠不足で神経がピリピリしているようなときに特に効果的。

社交からアプローチ

ふだん人づきあいを避けているといつの間にか孤独に陥りやすいので、あえて人と交流する。気心の知れた友だちとおしゃべりしたり、悩み事を相談したり、話を聞いてもらったりする。

あごを引く
肩の力を抜く
背すじを伸ばす
かかとから着地する

有酸素運動の代表はウォーキング。アクティブレストとしては、本格的なウォーキングでなく、散歩程度の軽い運動でもいい。

＊座禅や写経　自宅でひとりでもできるが、初心者はお寺が行っている一般の人が参加できる座禅会や写経会がおすすめ。環境を変えたほうが効果も高い。

アーシングヨガ

大地にしっかり足をつけて深呼吸

腕に力を入れずだらんとたらし、裸足で立つ。1本の樹になって、地球のパワーをとりこむイメージでゆっくり深呼吸する。

大地の気をとりこむヨガ

ヨガはポーズと呼吸法によって心身両面に働きかけることができるアクティブレストです。「アーシング」というヨガがあります。アースとは「大地」の意味。自分が大地に立つ1本の大きな樹になったイメージです。

ポイントは裸足で行うこと。土の上、草原、芝生に直接立ちます。どちらかの足に重心をかけず、両足を同じように大地につけます。

もうひとつのポイントは呼吸です。瞑想は吐く息に意識を集中させせますが、アーシングヨガでは吸うほうを意識します。大地の気をとりこむように、大きく吸い込みましょう。

ヨガのひとつです。天気のいい日に、外で行いましょう。元気になりますよ。

＊片鼻ヨガ　鼻の右側の鼻孔を押さえ左だけで1～4まで数えながら息を吸い込み、1～4まで数えながら息を吐く。反対側も同様に3回くり返す。自律神経を整え、応急的にストレスを軽減するヨガ。

第8章

家族や身近な人がHSPだったとき

とても敏感な人は5人に1人いるといわれ、
身近な人がそうであっても
不思議ではありません。
どう向き合うとよいかポイントを解説します。

周りの人は正しく理解して受け入れる

ピッ
28:13
HSPか…
そう言われてみれば
確かに…
ヒロちゃん学生時代から
妙に勘が
よかったな
みっちゃん
何か
怒ってる？
え、いやヒロちゃんに
じゃないよ！
そんなに
出てたかな？
よかった〜
不機嫌なのも
すぐバレたし
ピピピ
……
フンフン
みっちゃん…
恋してる？
えっ
彼氏ができたときも
ソッコーでバレたっけ

それに
必要以上に心配性で
ゼミの発表とか、
やる前から
もうダメだーっ
って落ち込むし
そんなに!?
その割には
ノートやレポートはすごく
バッチリまとめてあったな
キチッ
でも
よく遅刻ギリギリに
駆け込んできてたな…
スミマセン!!!
ダダダ
……
HSPの人との
つきあい方を
ちょっと
調べてみようかな
カタカタ

カタカタ
HSPとは
フムフム
考え方や感じ方が違う…
人より疲れやすいのね…
周りの人は正しく理解して
わかった!
ニャ?
気持ちをくみ取るのが大事なのね
じゃあ今は離れた場所にいるから
電話で話に耳を傾けてみよう
大学卒業後地元にUターン就職した
よーし!
どうしたのニャ〜

わが子

安心できるように見守り、助ける

●親と同じ気質なら理解しやすい

親のどちらか、あるいは両親とも敏感な気質なら、自分の子どもが敏感でもどう接したらよいのか経験上わかっていることが多く、子どもにとってとても心強いでしょう。

自分が子どものころにどんなことで困っていたか、つらかったのか、親や周囲の人に対してふだんどんなふうに感じていたのか、また得意なことや好きなこともよくわかっているので比較的対処しやすいはずです。

もちろん自分の子どもだからといって、気質の特徴もまったく同じではありませんから、その子なりの個性を見きわめることは必要です。

●親がさほど敏感でないなら

両親ともさほど過敏ではないのに子どもが過敏な場合、大切なのはよい面に注目することです。赤ちゃんのときには夜泣きなどで手がかかり、大変な思いをするでしょうが、これもひとつの個性だととらえてください。

過敏さは病気でもなければ、恥じるような特徴でもありません。敏感で繊細なところはありますが、感受性にすぐれ、内面のとても豊かな子どもです。

やがて子どもは〝いい子〟になろうと一生懸命になります。その気持ちをくんで、「いい子だ」とほめてあげましょう。

敏感な気質を否定せず、長所として伸ばせるように見守っていきましょう。

アドバイス 男の子の敏感さは、その繊細さが軟弱だ、男の子らしくないなどと否定されやすい。すると、子どもは愛されていないと不安を感じる。性別ではなく、その子らしさを尊重することが大切。

子どもの長所を大切にする

繊細で親や家族の気持ちを察することができる

相手の表情を見たり、空気を読んだりするのが得意。共感性も高い。相手が望むような、"いい子"や"手のかからない子"になろうとするので、無理をしていないか気をつける。

親の否定的な感情にも気づいてしまう

親や教師が「神経質な子」「やれやれ、またか」といったネガティブな感情を抱くと、それを敏感に察して、傷ついてしまう。否定せず、寄り添うことを心がけたい。

想像力が豊かで感受性も高い

たくさんの友だちと遊ぶのは苦手だが、絵を描いたりお話をつくったりするのが好きな子もいる。音楽や美術など芸術に触れることは大きな癒《いや》しとなるので、こうした機会を設けても。

恥ずかしがり屋、引っ込み思案なところがある

内気な子どもが多い。人見知りで友だちをつくるのも苦手だが、1対1ならコミュニケーションをとりやすいので、遊ばせるときはなるべく少人数のほうがリラックスできる。

NG!

「みんなと同じに」は禁句

周囲になじまないなど、手がかかる子どもに、つい「なぜ、みんなと同じにできないの」と声を荒げたくなることも。しかし、その叱り方は禁物です。子どもは自分の存在さえ否定されたと深く傷つくことになりかねません。すばらしい個性を見つけてあげましょう。

プラスα 敏感さと、活発で好奇心旺盛な気質をあわせもつ子どももいる。外では元気に遊び回るが、神経が疲れやすく、急に不機嫌になるなど感情の起伏がはげしい傾向がある。

親

自分の気持ちを包み隠さず話し合う

●本人が苦労したゆえの言動が多い

両親または親のどちらかが過敏なタイプで、子どもがそうでない場合はお互いに理解が難しく、大変なことが多いかもしれません。

親は敏感にいろいろなことに気づくので、先回りしてあれこれ心配したり小言が多くなったりしがちです。敏感さをさほどもちあわせていない子どもにしてみれば、勝手な思い込みや決めつけが多く、何でもかんでも干渉されると息苦しさを感じるでしょう。

親が過敏な気質ではないかと考えるなら、その特徴を理解したうえで接すると関係がスムーズになるかもしれません。

もし、親自身が過敏だと自覚していないときは、まずそれについて話し合う必要があるでしょう。ただ、親を責める口調にならないように気をつけましょう。

●子どもにも過敏さがあるなら

子どももまた過敏なタイプなら、親が過敏であることはプラスに働くことが多いでしょう。互いの苦手や得意なことを理解しやすいからです。もちろん異なる部分はあるので、そこは尊重し合うことが大切です。

注意したいのは、過敏な人どうしだと、どちらも本音を隠すことがあるので、ふだんからよく話し合う習慣をつけましょう。

過保護や過干渉になりがちなのは、敏感さゆえのことと理解しましょう。

プラスα　敏感さは生まれつきの気質で、後天的な要因により敏感になるわけではない。ただ、医学的な根拠はまだ不明で、敏感さそのものが遺伝するかどうかもわかっていない。

とても敏感な親に見られる特徴

先読みや深読みをして過干渉になる

自分勝手な思い込みで先読みや深読みをして、子どもが心配になり、過保護や過干渉になりやすい。自分が過去につらい経験をしたことが背景にあり、子どもを守ろうとするため。

家事が苦手なことが多い

神経が敏感なため、家事の途中に別のことに気を取られてしまう。やがて、どれも中途半端になって家事がなかなか片付かない。

無理をしてでもがんばる

子どものために苦手な家事をがんばり、無理をする人も多い。子どもが手伝える年齢になったら、積極的に子どもが手伝える環境を整えておくとよい。

落ち込んだり、急にイライラすることがある

過去のつらい経験を思い出して落ち込んだり、不安になったりする。急に怒りをぶつけることもある。過敏さがあるために子どものころから生きづらさを感じ、ストレスを抱えていることが多いので、それを理解してあげる。

勝手な決めつけや思い込みが多い

過敏な人には感じ方・考え方のクセがあり、その影響で事実でもないことを決めつけたり、思い込んでしまったりしやすい。ケンカにならないように誤解を解き、話し合うようにする。

過干渉と感じたら、「私はそう言われるとつらい」「私に任せてほしいと思っている」などと「私」を主語にして訴えるとケンカになりにくい。

プラスα　自分の親が過敏なほうかどうか、子どもの側からはわかりにくい。しかし、子どもがある程度の年齢に成長し、親子間で問題がしばしばあると気づくきっかけになることがある。

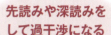

パートナー

二人でいっしょに理解することから

●どういうことが気になるかを伝え合う

夫や妻、パートナーが過敏である場合は、まず二人そろってお互いの気質について理解を深めましょう。敏感さがある人とない人のどちらかが優位、あるいはすぐれているというわけではないので、**互いの考え方や感じ方の違いを認め、尊重しましょう。**

敏感さがない人には、敏感な人が経験してきたつらさや苦労をすべて理解するのは難しいでしょう。しかし、理解しようとすること自体が相手への大きな助けになります。

また、敏感な人も自分の弱点や気になってつらいことを、相手に伝えます。自分をわかってもらおうとする努力は続けましょう。

●苦手ポイントは特に理解を

世の中は一般的に過敏さがない人が圧倒的に多いもの。敏感な人にとって苦しいことばかりです。過敏さがない人は、その苦手部分をできるだけ助けるようにすると良好な関係を築くことができます。ただし、苦手が多いからといって敏感さは劣っていることにならないので、そこを勘違いしないようにしましょう。

人にはそれぞれ得意なことと苦手なことがあるもの。敏感さに助けられることもあれば、逆もあります。二人で上手にカバーし合って生活すればよいのです。

敏感さが
あっても
なくても、
お互いの違いを
認め合うことが
大切です。

プラスα　敏感な人どうしの夫婦やパートナーは、お互いのことがよくわかるベストの組み合わせといえる。刺激による疲労度、ひとりでいる時間の重要性、日々のすごし方が共通しているので互いにラク。

過敏な人をカバーするとよい

人づきあいは狭く深いほうが得意

とても敏感な人は少数の人と深いつきあいを好む。知り合いや近所の人たちとの軽い雑談は苦手なのでフォローを。自分の友だちや知り合いと出かけたり、家に招いたりするときは「人見知りなので」と先に紹介しておくとよい。

疲れやすいので無理をさせない

神経が高ぶりやすいので、人づきあいで疲れやすい。人混みや初めて出かける場所では、特に疲労しやすいので気をつける。

楽しそうにしていても実は疲れている

楽しく遊んでいても疲れてしまう。外出したり、人と会ったりした後は、ひとりで休みたいことが多いので、それを理解する。

善意であっても過度のおせっかいはしない

境界線がもろく、相手の感情にのまれやすいところがある。そのため、たとえ善意でも過度に干渉されたり、おせっかいを焼かれたりすると疲れてしまう。夫婦やパートナーであっても、本人が望まないことには干渉しない。

自分の気持ち、考えをはっきりと伝えるほうがよい

敏感なので人の気持ちをきめ細かに察することができるが、自分が考えていることや、これからどうしようと思っているかをきちんと伝えたほうがよい。

言わずにいると深読みや先読みをさせてしまう

敏感なので、あれこれ考えすぎたり、勝手に思い込んでしまうことがある。誤解を防ぐためにも、常に話し合う習慣をつける。

アドバイス 敏感な人は共感性が高く、相手の気持ちに影響されやすい。こちらの不機嫌さや怒りが伝わってしまい不快にさせることがあるので注意する。お互い不機嫌になるとケンカの原因になることもある。

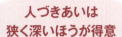

友だち

適度な距離を保つとうまくいく

●自分の気持ちを隠していることが多い

敏感さや共感性の高さゆえに周囲の人の気持ちを察し、自分さえがまんすればいいと相手を優先し、本音を隠していることが多いものです。表面的には〝いい人〟を必死で演じているのですが、心の中ではつらい気持ちや不満を抑え込んでいることがあるのです。

広く浅いつきあいは苦手なので友だちも少なく、じっくり相手と向き合いながら深いつきあいを望みます。ただ、良心的な人が多いので、ひとたび心を許しあえば長いつきあいとなる友だちになる可能性も高いといえます。

ですから、打ち解けるまでに少し時間がかかるかもしれませんが、過敏さがあるとわかったら、あまり意識しすぎず、適度な距離を保ってつきあうとよいでしょう。

●感情を爆発させることもある

敏感な人はふだんから自分の気持ちを押し殺していたり、過去のつらい経験でストレスを抱えている人が少なくありません。ふとしたことでその地雷に触れると、感情を爆発させることがあります。

また、相手の感情や気持ちにのまれて情緒不安定になることもあります。そして、そんな自分を責めます。本人に悪気はないので、こうした傾向があることを理解してあげましょう。

尊重しつつも、
過敏な人と
あまり
意識しすぎない
ほうが、本人も
ラクです。

プラスα 敏感な人の勘や読みの鋭さには驚かされることが多い。また、心のうちを読まれているように感じることもある。それだけ友だちは敏感だということ。

踏み込みすぎず、寄り添うことが大切

境界線がもろいので、入り込みすぎないようにする

境界線がもろいので、相手の感情や気持ちに振り回されてしまうところがある。自分が敏感な友だちに強く影響しやすいことを自覚し、過度に干渉しないようにする。

自分が不機嫌なときに会うのは注意

自分が機嫌の悪いときなどは、敏感な友だちもその気持ちや感情になりやすい。互いに不愉快になり、ケンカになることもあるので、こういうときは会うのを控えたほうがよい。また、体調の悪さもうつりやすいので注意する。

つらい経験を無理に聞き出さない

よかれと思って相談にのるつもりでも、本人には思い出すだけでつらいので、無理に聞くようなことをしない。本人が話すまで待つ。

過敏さがあるとわかっても特別扱いしない

過敏な人だからといって気をつかいすぎると、それを察してかえって気をつかわせる。ふだんはあまり意識せず、ふつうにつきあえばOK。

隠しごとをしたり、ウソをついたりしない

敏感なので相手の表情やしぐさを読むのが得意。何か隠していたりウソをついたりするとバレやすい。そのことで深読みさせたり気をつかわせたりするので、できるだけ正直に話す。

アドバイス 敏感な人は共感性が高く、言葉より相手の感情に反応しやすい。一方で、自分の本音は隠すのが得意なので、本心がわかりにくい。何かがまんしていることがないか聞くようにする。

特徴を理解して、仕事や配属を考える

●本人も気づいていない場合がある

本人が敏感さを自覚していてもそのことを上司や同僚に相談できず、ひそかに苦しんでいることが多いものです。また、本人も気づいていないこともあるので、過敏な人だと思っても様子を見守りましょう。

過敏さがあっても、職場では手抜きをせず、無理をしてでも仕事をやり遂げるがんばり屋です。これはミスが怖いからなのですが、周りには仕事熱心に映ります。内気ながら人柄もよく、周囲の空気を読んで気配りができるので、職場の潤滑油《じゅんかつゆ》的な存在です。

ただ、敏感さゆえ左ページにあるように苦手なこともあり、それで評価を下げているケースも少なくありません。もし、上司や同僚として思い当たるところがあれば、得意なことを発揮できるように配慮しましょう。

●得意と苦手を把握することが第一

本人から「私はＨＳＰなので」と相談があれば、いっしょに仕事の内容を検討すればよいでしょう。しかし、過敏さがあると疑われる場合は、ふだんの仕事ぶりをよく観察して、得意なことと苦手なことを把握するのが第一です。

そのうえでできる範囲で手助けしたり、仕事の中身を調節したり、異動が適切かどうかを判断しましょう。

基本的にまじめで気配りのできる人なので、采配がズバリと決まれば活躍します。

アドバイス　仕事を急かされると混乱しやすい。また、ミスを叱るとかなり落ち込むことがある。こんなときは声をかけて、気持ちを切り替えるように休憩をとらせるとよい。

過敏さゆえの得意・苦手なこと

得意なことと苦手なことは、能力や努力によって異なったり、変わったりします。あくまで傾向として参考にしましょう。

得意なこと

ひとりでコツコツ作業する
自分のペースで進められる作業は得意。慎重に作業を進めるのでミスも少ない。

相手の気持ち、希望を察する
表情やしぐさなどから相手のことを察して、気配りができる。勘の鋭さもある。

クリエイティブ系の仕事が得意
絵画や音楽、デザインなど芸術系のセンスがある人、文章を書くのが得意な人が多い。

発想が豊か
直感にすぐれ、想像力も豊かなのでいろいろなアイデアを思いつく。

基本的にとてもまじめ
まじめで良心的な人が多く、手抜きをしたりズルをしたりすることもない。

仕事が丁寧
相手のことや仕事の中身をよく考え、気配りしながら丁寧に仕上げる。

苦手なこと

急かされる、時間を制限される
あと何分で仕上げる、何時までに終わらせるといった時間の制限がある仕事は混乱しやすい。

誰かの監視下での作業
人に見られていると緊張して、本来の実力を発揮できなくなる。

うるさい環境での作業
音に敏感な人が多く、職場の騒音や人のざわつきがあると集中できなくなる。

プレゼンや人前での仕事
不安や緊張が強く、人前に出るのが苦手な人が多い。会議での発言も少ない。

営業や接待
相手の気持ちを察するのは得意だが、人と接するのが苦手。特に初対面の人とうまく話せない。

出世競争や対立すること
基本的に競争は苦手。人を押しのけて出世したがるタイプではない。

アドバイス　もともと神経が過敏なせいで疲れやすいにもかかわらず、自己犠牲の気持ちが強いので、無理をしてでも働こうとする。過労になりやすいので残業のしすぎに注意する。

コラム

相談にのるときは 励まさずに共感するだけでいい

過敏さがない人には、とても敏感な人がふだんどんなことで困り悩んでいるのか理解するのが難しいものです。過敏で苦しいなどと友だちや知り合いに相談されたとき、どう対処したらよいのか迷ってしまうでしょう。

まず避けたいのが、落ち込んでいるときに「大丈夫、大丈夫、考えすぎ」などと軽く受け流す態度です。過敏さがない人のように簡単に対処できないから悩んでいるので、それを否定されると自分をダメだと責め、ますます落ち込みます。

むやみに励ますのも禁物。ふだんから敏感な人はかなり無理をしてがんばっています。それ以上がんばれというのは酷です。

悩み事を相談されたら、まずは「そんなに困っていたんだね」「がんばったね」と共感することが大切です。そのうえで、過敏さゆえの感じ方・考え方のクセや、論理の飛躍で誤ったとらえ方をしているようなら、「私は〇〇だと思う」「そんなふうにはとらえていないはずだよ」と別の視点に立ったアドバイスをするとよいでしょう。

敏感さを理解されず孤独を感じている人が多いので、「そうなんだね」という共感が何よりうれしい。

参考文献

『敏感すぎる自分が幸福いっぱいに変わる生き方』
保坂 隆 著（電波社）

『お医者さんがすすめる　すごい瞑想』
保坂 隆 著（PHP研究所）

『精神科医が教える　人間関係がラクになるすぐできるコツ』
保坂 隆 著（三笠書房）

『5分でできる「プチ・ストレス」解消術』
保坂 隆 監修（PHP文庫）

『空海に出会った精神科医』
保坂 隆 著（大法輪閣）

『ささいなことにもすぐに「動揺」してしまうあなたへ。』
エレイン・N・アーロン 著　冨田香里 訳（SB文庫）

『鈍感な世界に生きる敏感な人たち』
イルセ・サン 著　枇谷玲子 訳（ディスカヴァー・トゥエンティワン）

『最新図解　やさしくわかる精神医学』
上島国利 監修（ナツメ社）

『アドラー心理学　人生を変える思考スイッチの切り替え方』
八巻 秀 監修（ナツメ社）

『図解雑学　ユング心理学』
福島哲夫 著（ナツメ社）

さくいん

ま

や

ら

英数字

た

な

は

さ

さくいん

あ

か

月　　　　日　　　曜日

ここがよかった

特にすばらしい！

このページをコピーして使用してください。

自分を癒す

ほめほめノート

自分をダメな人間だと思いがちな人は、自分で自分をほめてみましょう。誰でもほめられるとうれしいもの。ほめられるのは、最高の癒《いや》しになります。

例

12 月　1 日　金曜日

ここがよかった

予定をしていたところまで、仕事が終わった。
がんばった

今日の服装は注目されていたみたい。
センスがいい人と思われたよ

特にすばらしい！

予定のところまでできたのは、計画の立て方が適切だったから。私って、計画の立て方がうまいってことよ

私はかなりイケてる
今はモテ期だ！

ここがよかったと自分をほめる

その日に行ったことで、我ながらよくやったと思うことを書く。ちょっとした失敗だったと思うことも、逆の視点から見て書こう。

特によかったことを大絶賛する

上記に書いたことをさらに発展させて、自分をほめまくろう。気分が落ち込んだとき、ここだけ拾い読みしてもいい。

自分をほめるのが照れ臭い、あるいはほめるところが見つからない人は、悪口ノートをつけてもいい。周囲の人の悪口を書いて、うっぷんを晴らす。ただし、このノートは絶対秘密。

月　　　　日　　　　曜日

今日あった「いいこと」

自分でできる「いいこと」

このページをコピーして使用してください。

意欲を高める

いいことノート

仕事のやる気がなくなりそうなとき、気分が沈みがちなとき、いいことを見つけて書きます。日常の中に喜びが見つかり、意欲がわいてくるでしょう。

例

12月　　1日　　金曜日

今日あった「いいこと」

介護のために自宅に行くと、いつも眠っているAさんが、今日は目を覚ましていたので、体をふいてあげることができた。娘さんから「ありがとう」と言われて、うれしかった。

自分でできる「いいこと」

今度Aさんが調子よさそうなとき、
洗髪してあげよう。
自分から娘さんにあいさつしよう。

いいこと、うれしいことを書く

いいことを考えること自体が、自分を元気にしてくれる。何もなかった日は、何もなくて無事だったと書いて喜ぼう。

いいことを見つけたら一歩進もう

いいことは待っているだけではなく、自分で作り出すこともできる。書いたことはできる限り、実現させよう。

「いいことノート」を書くのを習慣にしよう。日常の中に、小さな喜びがいっぱいあることに気づき、明日は今日よりもっといい日にしようと、気持ちが前向きになってくるだろう。

監修者

保坂 隆（ほさか・たかし）

保坂サイコオンコロジー・クリニック院長、聖路加国際病院・診療教育アドバイザー。1952年山梨県生まれ。慶應義塾大学医学部卒。米国カリフォルニア大学ロスアンゼルス校留学。帰国後、東海大学医学部教授、聖路加国際病院リエゾンセンター長・精神腫瘍科部長、聖路加国際大学臨床教授を経て、現職。主な著書・監修書に『敏感すぎる自分が幸福いっぱいに変わる生き方』（電波社）、『お医者さんがすすめる　すごい瞑想』（PHP研究所）、『精神科医が教える　人間関係がラクになるすぐできるコツ』（三笠書房）、『空海に出会った精神科医』（大法輪閣）などがある。

スタッフ

編集協力／オフィス201
デザイン／バラスタジオ
漫画／あきばさやか
イラスト／やのひろこ
執筆協力／重信真奈美
校正／渡邉郁夫
編集担当／ナツメ出版企画株式会社（田丸智子）

本書に関するお問い合わせは、書名・発行日・該当ページを明記の上、下記のいずれかの方法にてお送りください。電話でのお問い合わせはお受けしておりません。
・ナツメ社 webサイトの問い合わせフォーム
https://www.natsume.co.jp/contact
・FAX（03-3291-1305）
・郵送（下記、ナツメ出版企画株式会社宛て）
なお、回答までに日にちをいただく場合があります。正誤のお問い合わせ以外の書籍内容に関する解説・個別の相談は行っておりません。あらかじめご了承ください。

敏感《びんかん》すぎる自分《じぶん》の処方箋《しょほうせん》

2018年 8月 2日　初版発行
2023年 1月20日　第11刷発行

監修者　保坂《ほさか》 隆《たかし》
発行者　田村正隆

発行所　株式会社ナツメ社
東京都千代田区神田神保町1-52 ナツメ社ビル1F（〒101-0051）
電話　03（3291）1257（代表）　FAX　03（3291）5761
振替　00130-1-58661
制作　ナツメ出版企画株式会社
東京都千代田区神田神保町1-52 ナツメ社ビル3F（〒101-0051）
電話　03（3295）3921（代表）
印刷所　ラン印刷社

ISBN978-4-8163-6420-4
Printed in Japan